Timm Bremus

Barrierefreiheit

Timm Bremus

Barrierefreiheit

Webanwendungen ohne Hindernisse

entwickler.press

Timm Bremus
Barrierefreiheit
ISBN: 978-3-86802-095-3

© 2013 entwickler.press
Ein Imprint der Software & Support Media GmbH

Bibliografische Information Der Deutschen Bibliothek
Die Deutsche Bibliothek verzeichnet diese Publikation in der Deutschen Nationalbibliografie; detaillierte bibliografische Daten sind im Internet über http://dnb.ddb.de abrufbar.

Ihr Kontakt zum Verlag und Lektorat:
Software & Support Media GmbH
entwickler.press
Darmstädter Landstr. 108
60598 Frankfurt am Main
Tel.: +49 (0)69 630089-0
Fax: +49 (0)69 930089-89
lektorat@entwickler-press.de
http://www.entwickler-press.de

Lektorat: Sebastian Burkart
Korrektorat: Frauke Pesch
Satz: Karolina Gaspar

Alle Rechte, auch für Übersetzungen, sind vorbehalten. Reproduktion jeglicher Art (Fotokopie, Nachdruck, Mikrofilm, Erfassung auf elektronischen Datenträgern oder anderen Verfahren) nur mit schriftlicher Genehmigung des Verlags. Jegliche Haftung für die Richtigkeit des gesamten Werks kann, trotz sorgfältiger Prüfung durch Autor und Verlag, nicht übernommen werden. Die im Buch genannten Produkte, Warenzeichen und Firmennamen sind in der Regel durch deren Inhaber geschützt.

Inhaltsverzeichnis

Vorwort	**11**
1 Einleitung	**15**
1.1 Persönliche Motivation	16
1.2 Vorteile von Barrierefreiheit	17
1.3 Investitionssicherheit	18
1.4 Content-Management-Systeme	19
1.4.1 Anforderungen an ein barrierefreies CMS	20
1.5 Ziele dieses Buchs	22
1.6 Begriffe einer Webanwendung	23
1.7 Grundsätze einer Applikation	24
1.7.1 Klarheit	24
1.7.2 Kompaktheit	24
1.7.3 Vertrautheit	25
1.7.4 Reaktionsfreudigkeit	25
1.7.5 Konsistenz	25
1.7.6 Ästhetik	26
1.7.7 Effizienz	26
1.7.8 Toleranz	26
2 Gedanken	**27**
2.1 Barrierefreiheit?	27
2.2 Barrierefreiheit!	27
2.3 Grundlagen und Begriff	28

Inhaltsverzeichnis

2.4	Säulen der Barrierefreiheit	30
	2.4.1 Accessibility	31
	2.4.2 Usability	31
2.5	Wer braucht's?	32
2.6	Arten von Barrieren	34
	2.6.1 Visuelle Barriere	34
	2.6.2 Motorische Barriere	35
	2.6.3 Geräteabhängige Barriere	35
	2.6.4 Barrieren, Ursachen und Maßnahmen	36
3	**Fakten**	**37**
3.1	Gesetze und Normen	37
	3.1.1 Behindertengleichstellungsgesetz (BGG)	37
	3.1.2 Barrierefreie Informationstechnik-Verordnung (BITV)	38
	3.1.3 Web Content Accessibility Guidelines (WCAG)	40
	3.1.4 Der Blick ins Ausland	40
3.2	Webstandard des W3C	43
3.3	Hilfsmittel abseits vom Standard	44
	3.3.1 Vergrößerungssoftware (Bildschirmlupe)	45
	3.3.2 Screen Reader und Braille-Zeile	46
	3.3.3 Saug- und Blasrohr	47
4	**HTML und CSS**	**49**
4.1	Gute Planung erspart viel Arbeit	49
4.2	Technologien	50
4.3	Hypertext Markup Language	51
	4.3.1 Dokumententitel	51
	4.3.2 Metatags	53
	4.3.3 Dateibeziehungen	54

Inhaltsverzeichnis

4.3.4	Frames	57
4.3.5	Überschriften	58
4.3.6	Hyperlinks	60
4.3.7	accesskey und tabindex	62
4.3.8	Sprungmarken	65
4.3.9	Bilder	66
4.3.10	Listen	68
4.3.11	Tabellen	71
4.3.12	Formulare	74
4.4	Cascading Style Sheets	84
4.4.1	Inline und Block	84

5 Layout und Struktur — **89**

5.1	Anwendungsstruktur	89
5.2	Tableless Layout	91
5.2.1	YAML CSS Framework	95
5.2.2	Blueprint CSS Framework	98
5.3	Inhalte verbergen	101
5.4	Beschriftung von Inhalten	103
5.5	Suchfunktion	106
5.6	Farben und Kontraste	108
5.6.1	Barrieren durch falsches Farbkonzept	110
5.6.2	Farbkonzepte und Webdesign	110
5.7	Navigation	112
5.7.1	Seitennavigation	113
5.7.2	Inhaltsnavigation	116
5.8	Navigationspfad	123
5.8.1	Weitere Navigationshilfen	126
5.9	Ladezeiten und Cache	130

Inhaltsverzeichnis

5.9.1	Caching	131
5.9.2	Quellcodekomprimierung	136
5.10	Pop-ups	138
5.10.1	Kritik an Pop-up-Fenstern	139
5.10.2	Sinnvoller Einsatz von Pop-ups	140

6 Diktion und Sprache — **143**

6.1	Barrierefrei texten	143
6.1.1	KVA – Kurz, verständlich, ansprechend	143
6.1.2	Die vier Merkmale der Verständlichkeit	145
6.1.3	Bewertung der Verständlichkeit	146
6.2	Formatierung und Darstellung	149
6.2.1	Absätze	149
6.2.2	Überschriften	149
6.2.3	Bilder	151
6.2.4	Unterstreichungen, Kursiv- und Fettschrift	151
6.3	Schriften	151
6.3.1	Schriftgrößen	152
6.3.2	Schriftarten	157
6.3.3	Verfügbarkeit von Schriften	161
6.3.4	Zeilenabstand	162
6.3.5	Texthervorhebungen	163
6.4	Fremdwörter und Abkürzungen	165
6.4.1	Abkürzungen und Akronyme	166
6.4.2	Fremdsprachige Begriffe	168
6.4.3	Zitate	169

Inhaltsverzeichnis

7 Mobilgeräte — 171

- 7.1 Native App vs. Web-App — 171
  - 7.1.1 Native App — 172
  - 7.1.2 Web-App — 172
- 7.2 Web-App — 174
  - 7.2.1 Konzeption einer Web-App — 174
  - 7.2.2 jQuery Mobile — 175
  - 7.2.3 Sencha Touch — 180
  - 7.2.4 Die richtige Wahl für barrierearme Web-Apps — 181
- 7.3 Responsive Webdesign — 182
  - 7.3.1 Grundlagen — 182
  - 7.3.2 Technik — 184
- 7.4 RSS-Feeds — 186
  - 7.4.1 Technik — 186
  - 7.4.2 Verwendung — 188
- 7.5 Barrierefreie Mobilgeräte — 189

8 Qualitätssicherung — 191

- 8.1 BITV-Test — 191
  - 8.1.1 Abschließender BITV-Test — 192
  - 8.1.2 Entwicklungsbegleitender BITV-Test — 193
  - 8.1.3 BITV-Selbstbewertung — 193
  - 8.1.4 Aufbau der BITV — 194
- 8.2 WCAG — 195
- 8.3 BIENE — 196
  - 8.3.1 Teilnahmevoraussetzungen — 197
  - 8.3.2 Prüfkriterien — 197
  - 8.3.3 Preise — 198
- 8.4 Nutzertests — 198

Inhaltsverzeichnis

8.5	Tools für den Selbsttest	201
	8.5.1 Lynx	202
	8.5.2 JAWS	203
	8.5.3 Colorblind Webpage Filter	203
	8.5.4 Accessibility Evaluation Toolbar	203
	8.5.5 Validatoren	204
9	**Portable Document Format**	**207**
9.1	Konzept hinter einem PDF	207
	9.1.1 PDF und Barrierefreiheit	208
	9.1.2 Strukturinformationen	208
	9.1.3 Faktoren	209
9.2	Software und Arbeitsweise	211
9.3	Voraussetzungen schaffen	212
	9.3.1 Bearbeitung in Word	213
	9.3.2 Einstellungen	214
9.4	Lesezeichen	217
	9.4.1 PDFMaker	217
	9.4.2 Nachbearbeitung mit Acrobat	217
9.5	Sprachauszeichnung	218
9.6	Sicherheitseinstellungen	220
10	**Fazit**	**223**
	10.1 Merkmale und Komponenten	223
	10.2 Antrieb zur Durchführung	224
Stichwortverzeichnis		**225**

Vorwort

Das zugegebenermaßen etwas sperrig klingende Thema Barrierefreiheit ist für die meisten IT-Verantwortlichen immer noch ein Randthema, das oftmals eher negativ besetzt ist. Es wird in Verbindung gebracht mit erheblichen Zusatzaufwänden, teuren Beratungsleistungen, und das alles für einen nur sehr kleinen Prozentsatz der Anwender. Dass dieses gefährliche Halbwissen nicht nur falsch ist, sondern bei einer sorgsamen Beschäftigung mit dem Thema auch ein nicht unerheblicher Wertbeitrag geschaffen werden kann, ist vielen Lesern sicherlich nicht bewusst. Barrierefreie Anwendungen sind für alle Nutzer – unabhängig von persönlichen Einschränkungen – ein Gewinn, da sich hier jemand im Vorfeld intensiv mit den Themen Usability (Benutzerfreundlichkeit) und auch Accessibility (Zugänglichkeit) auseinandergesetzt hat. Jeder von uns kennt sicherlich Programme oder Webseiten, bei denen er sich fragt, ob sich denn jemals jemand Gedanken um den späteren Endanwender gemacht hat.

Timm Bremus hat in diesem Buch eine sehr runde und inhaltsreiche Darstellung des Themas Barrierefreiheit ausgearbeitet. Dabei geht es von den allgemeinen Grundlagen über praktische HTML/CSS-Betrachtungen bis hin zur Qualitätssicherung und den bei IT-Projektverantwortlichen und Dienstleistern allseits gefürchteten BITV-Tests.

Sehr gut gefällt mir, dass Timm die Darstellung immer wieder um Beispiele aus seiner langjährigen Projekterfahrung ergänzt hat. Besonders zu erwähnen ist, dass er auch die Brücke zu sehr aktuellen Themen wie z. B. „Responsive Design" schlägt und diese im Kontext der Barrierefreiheit betrachtet.

Vorwort

Kurzum: zu einem oft unterschätzten, aber dennoch allgegenwärtigen und hochaktuellen Thema hat Timm ein interessantes und aufschlussreiches Werk geschrieben. Ich selbst habe für mich einiges dazugelernt – Timm, vielen Dank für dieses Buch!

Christian Langhirt
Manager – SharePoint Solutions, Computacenter AG & Co. oHG

Danksagung

An dieser Stelle möchte ich mich ganz herzlich bei den Menschen bedanken, die mich in der Entstehungsphase dieses Buchs begleitet und unterstützt haben.

An erster Stelle möchte ich mich bei meinen Eltern bedanken, die mir den Rücken frei von Haus, Hund und den vielen zeitraubenden Alltagsverpflichtungen gehalten haben. Danke Mama, danke Papa! Ohne euch hätte ich den Fertigstellungstermin dieses Buchs angesichts meines sehr knappen Zeitbudgets nicht halten können. Danke für eure Unterstützung und euer Verständnis!

Danke an meinen blinden Freund Dennis, der mir viele wertvolle Tipps zum Thema Barrierefreiheit gegeben und mich bei der Ausarbeitung der technischen Inhalte unterstützt hat. Ich danke dir für die tiefen Einblicke in den Alltag eines Blinden, den du mir gewährt hast.

Ein großes Dankeschön auch an meinen Vorgesetzten und beruflichen Ziehvater Christian Langhirt von Computacenter, der die Kapitel meines Buchs immer wieder auf Qualität gesichert hat.

Vielen Dank auch an meinen Radsportkollegen Siegfried Fröhlich, der im Namen seiner Kanzlei Fröhlich & Arnold besonders das Kapitel Fakten und die Gesetzeslage zum Thema Barrierefreiheit geprägt und mit seiner juristischen Kenntnis bereichert hat.

Vorwort

Bei meinen Kollegen, Freunden, Konferenzteilnehmern und natürlich Kunden möchte ich mich bedanken für die unzähligen Gespräche, Diskussionen und die gute Zusammenarbeit im Bereich Barrierefreiheit. Viele Erkenntnisse und Erfahrungen beruhen darauf.

Danke auch an Jörg Krause, an dessen langjähriger Erfahrung als Autor ich teilhaben durfte und dem es geschuldet ist, dass ich selbst zu einem Autor herangewachsen bin.

Danke auch an die Mitarbeiter von entwickler.press und ganz besonders meinem Lektor Sebastian Burkart, der es mir ermöglichte, mein Werk zu verlegen.

Ich hoffe, ich kann all denen, die mich inspiriert und unterstützt haben, dieses Buch zu schreiben, einen kleinen Teil als Dankeschön in Form dieses Werks zurückgeben.

Timm Bremus
März 2013

Einleitung

Barrierefreiheit ist ein Thema, das in den letzten Jahren deutlich an Aufmerksamkeit gewonnen hat. Bereits beim Spaziergang durch die Innenstadt können Sie mehrere Maßnahmen zum Abbau von Barrieren beobachten. Abgesenkte Bordsteine an neuralgischen Stellen, eingelassene Blindenstreifen auf dem Gehweg, akustische Signale an Ampeln und Fußgängerüberwegen sind nur eine kleine Auswahl an Verbesserungen, die es Menschen mit Behinderungen deutlich einfacher machen, den Alltag zu meistern. Das Bestreben nach mehr Zugänglichkeit und Flexibilität für behinderte Menschen hält immer mehr Einzug und ist oftmals schon selbstverständlich. Es ist deshalb verwunderlich, warum dieser gute Wille und die Anstrengungen nicht auch ins Internet und speziell auf die vielen dort angebotenen Webanwendungen übertragen werden. Was auf der Straße als normal gilt, wird im Web mehr als nur stiefmütterlich behandelt: die Barrierefreiheit.

Warum ist das Thema Zugänglichkeit im Internet so verpönt? Spricht man Kunden oder Entwickler darauf an, sind die genannten Gründe immer wieder „zu teuer", „keine Zeit" oder „zu wenig Nutzen". Warum von einer barrierefreien Webapplikation alle Anwender einen Nutzen haben und wie einfach sich die Grundsätze und Maßnahmen der Barrierefreiheit umsetzen lassen, möchte ich in diesem Buch anhand vieler Praxisbeispiele erläutern.

Es stimmt mich zuversichtlich, dass Sie ein Exemplar meines Buchs *Barrierefreiheit – Webanwendungen ohne Hindernisse* in den Händen halten und die Bereitschaft zeigen, sich mit diesem Thema zu befassen. Ich kann Ihnen an dieser Stelle versprechen, dass Barrierefreiheit weder weh tut, noch dass diese Sie in Ihrer Kreativität oder täglichen Arbeit einschränken wird. Vielmehr werden Sie in Zukunft Webanwendungen entwickeln, die für keinen Anwender mehr mit einer Barriere behaftet sind und für die Sie mehr Dank ernten werden als Sie zunächst glauben.

1 – Einleitung

An dieser Stelle möchte ich Ihnen viel Spaß beim Lesen wünschen und hoffe, dass ich Ihnen für Ihre tägliche Arbeit das ein oder andere Werkzeug an die Hand geben kann, damit auch Sie in Zukunft die digitalen Wege des Internets barrierefrei pflastern können.

1.1 Persönliche Motivation

Den ersten Kontakt mit Barrierefreiheit im Internet hatte ich bereits 2006 in meiner Ausbildung zum Fachinformatiker. Damals wurde ich damit beauftragt, den Webshop eines großen IT-Verlags im Hinblick auf Barrierefreiheit zu analysieren und anschließend zu optimieren. Kombiniert war diese Aufgabe mit einer Studie über die Benutzerfreundlichkeit des Kaufportals. In Zusammenarbeit mit Experten einer Universität habe ich Methoden und Vorgehensweisen entwickelt, wie man eine Seite am besten auf Accessability (Zugänglichkeit) und Usability (Benutzerfreundlichkeit) analysiert. Meine sehr guten Kenntnisse in HTML und CSS haben mir dann geholfen, die Ergebnisse der Analyse auch in die Tat umzusetzen.

Seit diesem Projekt hat mich das Thema Barrierefreiheit nicht mehr losgelassen. Es folgten weitere Projekte, in denen das Ziel die Verbesserung der Zugänglichkeit einer Applikation war. Ein wirklich einschneidendes Erlebnis hatte ich in einem Projekt, in dem gegen Ende meine Arbeit von Betroffenen, also Menschen mit körperlicher und geistiger Behinderung, getestet und abgenommen wurde. Wie sich herausstellte, waren diese Personen keine eingekauften Tester, sondern allesamt Angestellte des Unternehmens. Personen, die durch eine Behinderung eingeschränkt waren und die ein großes Interesse daran hatten, die Anwendung, die es zu optimieren galt, wirklich barrierefreier zu gestalten, um sie für die tägliche Arbeit zu gebrauchen. Das große Lob und das Dankeschön, dass sich „normale" Menschen wie ich mit den Problemen einer Randgruppe, denen der Menschen mit Behinderung, beschäftigen und sich für ein barrierefreies Arbeiten dieses Personenkreises einsetzen, war eines der schönsten Erlebnisse meiner beruflichen Laufbahn. Seitdem habe ich es mir zur Aufgabe gemacht, An-

Vorteile von Barrierefreiheit

gebote im Internet barrierefrei zu gestalten und IT-Verantwortliche dafür zu begeistern, das gleiche zu tun, um ihnen den Anblick dankbarer Menschen zu bieten, der sich mir nahezu täglich bei meiner Arbeit bietet.

An dieser Stelle möchte ich mich noch einmal bei meinem Freund Dennis bedanken, der mich beim Schreiben dieses Buchs tatkräftig unterstützt und begleitet hat. Dennis ist IT-Spezialist und für ein großes deutsches Telekommunikationsunternehmen tätig. Er arbeitet täglich mit dem Computer, entwickelt eigene Software und nutzt begeistert das Internet zur Informationsbeschaffung, zum Shopping und vielem mehr. Dennis ist bereits in jungen Jahren erblindet und meistert das tägliche Leben ohne Augenlicht. In einem unserer vielen Gespräche erwähnte er mir gegenüber, dass er sehr dankbar dafür ist, dass sich immer mehr Menschen, die von einer Behinderung nicht betroffen sind, sich mit dem Thema Barrierefreiheit auseinandersetzen und den vielen Theorien auch Taten folgen lassen. Auch er als Blinder nutze gerne das Internet und möchte auf die dort gebotenen Möglichkeiten nicht verzichten. Bei unserem ersten persönlichen Kennenlernen sagte er zu mir: „Ich finde es toll, dass du dich so für Menschen wie mich einsetzt und jetzt sogar noch dein Fachwissen in einem Buch weitergibst, dafür möchte ich dir herzlich danken." Diese Aussage hat mich sehr berührt und motiviert, dieses Buch zu schreiben. Danke Dennis für deine Mithilfe und dein Lob. Beides hat mir sehr viel bedeutet!

1.2 Vorteile von Barrierefreiheit

Warum eigentlich Barrierefreiheit? Glückliche Gesichter allein sind wohl kaum ein Argument, um einen Kunden davon zu überzeugen, seine Anwendung barrierefrei zu gestalten. Da sollten Sie schon ein paar stichfeste Trümpfe in der Hand haben, um in einer Diskussion bestehen zu können.

Das BIK-Projekt – barrierefrei informieren und kommunizieren – bietet in einer offiziellen Präsentation folgende Argumente an:

- Vorsorge für künftige Technologien
- Maßstab für Nutzerfreundlichkeit

1 – Einleitung

- Browserunabhängigkeit
- Geräteunabhängigkeit
- Nutzung eines komfortablen CMS
- Valider Code für HTML und CSS
- Neue Zielgruppen
- Imagegewinn durch soziale Kompetenz

Das Hauptgegenargument des Gegenübers wird meistens der hohe Kostenaufwand für eine barrierefreie Webanwendung sein. Auch hier hat das BIK eine Studie durchgeführt und ist in Bezug auf die Kosten zu einem interessanten Ergebnis gekommen. Der Mehraufwand für die Optimierung einer Webanwendung auf Barrierefreiheit beläuft sich Schätzungen zufolge auf unter 15 % der Gesamtkosten eines Webprojekts. Zum Vergleich: Die Optimierung einer Webapplikation für unterschiedliche Browser, also eine Browserunabhängigkeit, beträgt geschätzt 10 % der Projektgesamtkosten.

Barrierefreiheit beginnt in den Köpfen. Ein gut geplantes Konzept unter Einbeziehung eines geeigneten CMS (Content Management Systems), dem Know-how der Entwickler und eine prozessbegleitende Qualitätssicherung machen barrierefreies Webdesign aus Kosten- und Aufwandssicht überschaubar.

1.3 Investitionssicherheit

Eine moderne, universell gestaltete und unter dem Aspekt der Barrierefreiheit entwickelte Seite führt langfristig zu einer Kosteneinsparung. Die Phasen Konzept, Design sowie Umsetzung und Betrieb werden sorgfältiger geplant und ausgeführt als bei einer herkömmlichen Webanwendung. Es werden die Standards der W3C berücksichtigt, aktuelle Technologien kommen zum Einsatz und die Richtlinien der BITV werden mit einbezogen. Bei einer Neugestaltung der Webanwendung, dem so genannten Redesign, kann das Konzept wiederverwendet werden. In den

Content-Management-Systeme

Phasen Design und Umsetzung müssen ausschließlich die Formatierungen angepasst werden, tiefgreifende Änderungen sind nicht erforderlich. Verschiedene Endgeräte profitieren von einem strukturierten Anwendungsaufbau, wie er zwangsläufig bei einer barrierefreien Websoftware entsteht. Das Angebot kann auf mobilen Endgeräten, wie zum Beispiel einem Smartphone oder einem Tablet, genauso gut dargestellt werden wie auf der herkömmlichen Workstation am Arbeitsplatz.

Eine barrierefreie Webanwendung lässt sich auch besser von einem Administrator betreuen. Die klare Trennung zwischen Layout und Struktur sowie ein schlankes und sauberes HTML Markup reduzieren das Datenvolumen und damit die Ladezeiten der Anwendung.

Um die Barrierefreiheit eines Angebots langfristig zu garantieren, sind organisatorische und redaktionelle Prozesse notwendig, die den Prozess auf Dauer begleiten und unterstützen. Hilfreich ist hierbei in vielen Fällen ein entsprechendes Verwaltungssystem, auf dem man eine Webanwendung aufbauen kann. Als Beispiel wäre hier ein Content-Management-System zu nennen, auf das ich im nächsten Abschnitt näher eingehen möchte.

1.4 Content-Management-Systeme

Ein Content-Management-System (CMS) ist eine Redaktionsplattform, die die strikte Trennung von Inhalt und Layout unterstützt. Ein CMS bietet ein Grundgerüst, auf dessen Basis eine Webanwendung aufgesetzt werden kann.

Der große Vorteil eines solchen Systems liegt in der Unterstützung der Redakteure, die den Inhalt einer Webanwendung pflegen und verfassen. Ein Redakteur muss bei einer Webanwendung, die auf einem CMS aufsetzt, keinerlei technische Vorkenntnisse in HTML, CSS oder gar JavaScript besitzen, um Inhalte einer Webseite modifizieren zu können. Genau hier liegt auch der Vorteil in Bezug auf die Barrierefreiheit. Dem Benutzer, der die Inhalte einer Anwendung pflegt, bietet sich in der Verwaltungsmaske

1 – Einleitung

einer Webseite ein komfortabler Editor, der mit einer modernen Textverarbeitung vergleichbar ist. Hier werden dann die Inhalte eingepflegt, die Umsetzung dieser Informationen in HTML und CSS übernimmt dann das CMS. Das macht es dem Redakteur unmöglich, versehentlich technische Barrieren in das Angebot einzubauen, da er auf die Technik selbst keinen Zugriff hat, sie wird ja vom CMS voll automatisch generiert.

Es gibt unzählige freie und lizenzpflichtige CMS auf dem Markt. Die Auswahl wird jedoch etwas eingeschränkt, wenn man die CMS ausschließt, die nur wenig auf Barrierefreiheit optimiert sind (Tabelle 1.1).

CMS	URL
Contao	*https://contao.org*
Typo3	*http://typo3.org*
Joomla	*http://www.joomla.de*
Drupal	*http://www.drupal.de*
Contenido	*http://www.contenido.org*

Tabelle 1.1: Übersicht über barrierefreie CMS

Natürlich spielt bei der Auswahl eines CMS auch die technische Basis eine Rolle. Viele Systeme bauen auf der Skriptsprache PHP auf, es gibt aber auch Systeme auf .NET- oder Java-Basis.

1.4.1 Anforderungen an ein barrierefreies CMS

Welche Anforderungen und Kriterien ein barrierefreies CMS erfüllen muss, hat Michael Zapp auf dem Erlangener Webkongress 2006 einmal näher spezifiziert.

Bedienung

- Im Hinblick auf die Bedienung eines CMS ist eine barrierefreie Bedienung des Backends als der Verwaltungsebene des Systems unabdingbar.

Content-Management-Systeme

- Technisch ist der Inhalt vom eigentlichen Layout zu trennen und somit sind Verantwortungsbereiche klar definiert.

- Der Redakteur kann Inhalte pflegen und neu erstellen, ohne dabei die Gestaltung anpassen zu müssen. Das fällt nicht zwangsläufig in seinem Aufgabenbereich.

- Das System bietet eine klare Benutzerverwaltung, die möglichst auf feingranularer Ebene eine Zugriffssteuerung auf die verschiedenen Bereiche und Möglichkeiten des CMS zulässt.

- Darüber hinaus ist über das Rollen- und Rechtemanagement ein mehrstufiges Genehmigungsverfahren realisierbar und die Freischaltung von modifizierten und neuen Inhalten ist steuerbar.

Erstellung

- Das CMS unterstützt die barrierefreie Erstellung einer Webanwendung.

- Es nimmt Anweisungen entgegen und setzt sie in valyden und den gültigen Spezifikationen der W3C und der BITV entsprechenden Code um.

- Das System ist auch ohne JavaScript lauffähig.

Automatisierung

- Das System stellt Oberflächen für die Administratoren zur Pflege des CMS bereit, auch wird der Redakteur mit entsprechenden Masken zur Pflege des Inhalts unterstützt.

- Der Redakteur pflegt seine Inhalte in einem Editor, der einer Textverarbeitung ähnlich ist. Das System setzt den darin gepflegten Inhalt automatisch in barrierefreies HTML Markup um.

- Das System unterstützt den Redakteur beim Bearbeiten von Inhalten und weist ihn auf mögliche Barrieren hin, beispielsweise eine fehlende Bildbeschreibung.

1 – Einleitung

- Der Editor, mit dem der Redakteur die Inhalte des Systems pflegt, stellt Assistenten zur Erstellung von Standardinhalten (Tabellen, Listen etc.) bereit und unterstützt damit die Erstellung barrierefreier Webseiten.
- Die Auszeichnung fremdsprachiger Wörter und Textpassagen wird vom CMS teilweise automatisch übernommen. Auf Basis manuell hinterlegter Wortlisten kann das System fremdsprachige Passagen markieren.

1.5 Ziele dieses Buchs

Dieses Buch hat das Ziel, Ihnen einen Überblick über die Notwendigkeit der Barrierefreiheit zu geben und anhand vieler praktischer Beispiele eine mögliche Umsetzung bzw. Optimierung zu demonstrieren. Zudem gehe ich im Lauf des Buchs auch auf neuartige Technologien wie mobile Endgeräte und die damit entstehenden Probleme und Barrieren ein.

Ich hoffe, es ist mir gelungen, neben dem eigentlichen Schwerpunktthema Barrierefreiheit auch die Randthemen Suchmaschinenoptimierung und Benutzerfreundlichkeit sowie PDF etwas näher zu erläutern und verbindende Vorteile der einzelnen Optimierungsbereiche aufzuzeigen.

Dieses Buch ist als Schnelleinstieg in das Thema Barrierefreiheit anzusehen und keinesfalls allumfassend. Ich habe mich jedoch bemüht, alle wichtigen Kriterien abzudecken und kurz und kompakt alle wichtigen Kerninformationen in diesem Buch zusammenzufassen.

Mein Anspruch beim Verfassen dieses Buchs war es, dass das Werk innerhalb weniger Tage durchgearbeitet werden kann und es dem Leser schnell möglich ist, das Gelernte in der Praxis umzusetzen.

Zielgruppe

Das Buch ist für Personen geschrieben, die einen Einstiegspunkt in das Thema Barrierefreiheit suchen. Dabei ist es sowohl für Entwickler und Designer geeignet als auch für Berater und Personen, die die Möglichkeiten kennen lernen möchten, die sich durch barrierefreie Webanwendung

Begriffe einer Webanwendung

ergeben. Zudem soll es mich als Trainer und Konferenzsprecher unterstützen und als Grundlage für meine Vorträge dienen.

Als Zielgruppe sind aber auch Personen angesprochen, die in einer Managementfunktion sind und die Hintergründe und Funktionsweise von barrierefreien Webapplikationen erkunden und einschätzen möchten, aber nicht das zeitliche Budget zur Verfügung haben, sich in eine umfassende Literatur einzuarbeiten.

1.6 Begriffe einer Webanwendung

An dieser Stelle möchte ich kurz erklären, welche Begriffe ich in diesem Buch für die Bezeichnung einer Webanwendung und deren Teilbereiche verwendet habe. Als Webanwendung bezeichne ich immer die Software im Gesamten. Hierfür wäre auch der Begriff Website denkbar gewesen, der das Gleiche beschreibt. Die erste Seite der Webanwendung bezeichne ich als Startseite – Homepage oder Home wären ebenso korrekt gewesen. Die einzelnen HTML-Seiten einer Webanwendung habe ich Webseiten genannt. Der Einfachheit halber spreche ich manchmal aber auch von einer Seite, gemeint ist hierbei die Webseite. Abbildung 1.1 stellt die Zusammenhänge noch einmal grafisch dar.

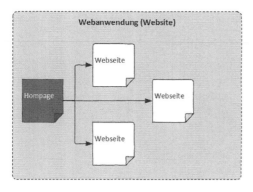

Abbildung 1.1: Begriffe einer Webanwendung

1.7 Grundsätze einer Applikation

Eine Anwendung, sei sie nun web- oder clientbasierend, folgt im Idealfall einigen Grundsätzen. Diese sind nicht nur in Bezug auf Barrierefreiheit interessant, sondern gelten im Allgemeinen für jede Software.

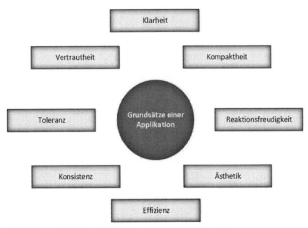

Abbildung 1.2: Grundsätze einer Applikation (Software)

1.7.1 Klarheit

Die Benutzerschnittstelle einer Anwendung muss eindeutig sein und eine klare Sprache, Fluss und Hierarchie für die visuellen Elemente aufweisen. Optimal an dieser Stelle ist es, wenn auf ein Handbuch zur Erläuterung der Funktionsweise einer Anwendung verzichtet werden kann. Es sollte einem Benutzer nicht möglich sein, unter normalen Umständen einen Fehler zu provozieren.

1.7.2 Kompaktheit

Häufig wird ein Anwender durch permanente Hilfen, Beschreibungen, Warnungen und Hinweise durch eine Applikation navigiert. Häufig

Grundsätze einer Applikation

führt das zu einer Überflutung von Informationen und Beschreibungen, sodass der Nutzer die Orientierung verliert. Klarheit und Kompaktheit miteinander zu verbinden und beiden Ansprüchen gerecht zu werden, ist häufig eine große Herausforderung.

1.7.3 Vertrautheit

Bauen Sie bei dem Design einer Anwendung hauptsächlich auf vertraute Steuerelemente und Programmabläufe. Innovation ist gut und sollte in einer Anwendung durchaus ihren Platz finden, im Kern sollten Sie es jedoch nicht übertreiben. Ziel ist es, dem Nutzer das Gefühl zu geben, eine Anwendung als vertraut einzustufen, obwohl er sie gerade das erste Mal bedient. Überfluten Sie ihn deshalb nicht mit zu vielen neuen Steuerelementen und Programmabläufen. Genauso sollten Sie Veraltetes und Überzogenes meiden. Sowohl zu viel Innovation als auch zu viel Tradition können kontraproduktiv sein, die Mischung macht's.

1.7.4 Reaktionsfreudigkeit

Erstrebenswert ist es, dass eine Anwendung nach einem Klick oder einer Tasteneingabe sofort eine Rückmeldung gibt und den Benutzer informiert, was genau im nächsten Schritt passiert. Eine schnelle unmittelbare Reaktion nach einer Interaktion ist hier die Anforderung. Sicher kann die jeweilige Interaktion mit der Anwendung von Fall zu Fall etwas länger dauern, lassen Sie darüber Ihren Anwender aber nicht im Ungewissen, sondern informieren Sie ihn über eventuelle Ladezeiten und zeigen Sie ihm an, was genau die Anwendung gerade macht.

1.7.5 Konsistenz

Hierbei geht es vor allem darum, dass gleiche Aktionen in einer Anwendung auch immer gleich ausgelöst werden. Hierzu zählen größtenteils die Anordnung und die Gestaltung der einzelnen Masken einer Software. Beispielsweise sollten Schaltflächen zum Auslösen einer Interaktion entweder immer rechts oder konsistent links angezeigt werden.

1 – Einleitung

Eine Maske sollte sich ausschließlich im Inhalt von einer anderen Maske unterscheiden und nicht in der wesentlichen Struktur und im Aufbau.

1.7.6 Ästhetik

Oftmals fehlt es vielen Entwicklern an Kreativität und einer Ader bzw. Affinität zu optisch ansprechenden Anwendungslayouts. Häufig wird der Aspekt verdrängt, dass gerade die Optik und ein ansprechendes Design einer Software enorm wichtig für den Anwender sind. Hier entscheidet sich, ob ein Nutzer gerne mit Ihrer Anwendung arbeitet und wie ansprechend sie auf ihn wirkt. Untersuchungen und persönliche Erfahrungen zeigen immer wieder, dass eine optisch ansprechende Anwendung den Nutzer über kleinere Fehler und Ungereimtheiten einer Software hinwegsehen lassen.

1.7.7 Effizienz

Gute Applikationen sind produktiv und unterstützen den Anwender maßgeblich bei seiner täglichen Arbeit oder bei der Bewältigung anfallender Aufgaben. Hier dreht sich das Hauptaugenmerk immer um die Aufgabe, in Bezug auf Effizienz sind das Design oder das Layout einer Anwendung weniger wichtig. Beides wird aber ernsthaft bearbeitet werden müssen, um eine Anwendung auch tatsächlich effizient zu gestalten.

1.7.8 Toleranz

Benutzer machen Fehler, damit erzähle ich Ihnen sicherlich nichts Neues. Im Idealfall rechnet eine Applikation aber genau damit und geht problemlos mit Fehleingaben und Unregelmäßigkeiten um. Die Anwendung sollte den Anwender dabei unterstützen, aus einer fehlerhaften Aktion wieder in einen geregelten Programmfluss zu kommen. Hier empfiehlt sich eine Undo-Funktion, die eine Benutzereingabe oder -aktion problemlos rückgängig machen kann. Sicherheitsabfragen sind hier der falsche Weg, weil sie dem Benutzer bereits vor dem Ausführen einer Aktion einen Fehler unterstellen. Zudem sind solche Abfragen alles andere als benutzerfreundlich und bei einer Undo-Funktion auch vollkommen überflüssig.

2 Gedanken

2.1 Barrierefreiheit?

Wenn man das Thema Barrierefreiheit beim Kunden, bei Entwicklern oder bei Kollegen anspricht, stößt man sehr schnell auf taube Ohren. Häufig bekommt man Aussagen zu hören wie „Das ist viel zu teuer", „Unsere Kunden sind nicht blind", „Müssen wir machen, sind dazu verpflichtet" oder „Wir haben doch schon eine Nur-Text-Version". Barrierefreiheit ist wahrlich nicht sehr beliebt und wird immer wieder gerne in den Hintergrund gestellt oder gar verdrängt. Entweder man beweist jetzt dickes Fell und beginnt eine heikle Diskussion oder aber man lässt sein Gegenüber in dem Irrglauben, dass Barrierefreiheit und die dafür zu tätigenden Optimierungen nur Themen für eine marginale Randgruppe sind.

Sollten Sie sich allerdings für eine Argumentation für Barrierefreiheit entscheiden, dann sollten Sie unbedingt die folgenden Kapitel lesen, denn Barrierefreiheit lohnt sich!

2.2 Barrierefreiheit!

Es gibt gute Gründe, sich für Barrierefreiheit zu entscheiden, und erschlagende Argumente dafür, warum Barrierefreiheit jeden einzelnen Benutzer des Webs betrifft. Was viele immer noch nicht wissen: Barrierefreiheit und die nötige Arbeit hierfür kommt nicht nur Blinden und Menschen mit körperlichen Einschränkungen zugute, auch der Standardbenutzer, den es eigentlich gar nicht gibt, profitiert ausgiebig von barrierefreien Webanwendungen. Warum man sich bei der Anwendungsentwicklung nicht auf den Standardbenutzer konzentrieren sollte und warum es diese Definition gar nicht geben kann, das beschreibt Kapitel 2.5.

2 – Gedanken

Vielmehr sollte man Kritikern der Barrierefreiheit mit folgenden Argumenten entgegentreten:

- Jeder Benutzer hat einen Nutzen von Barrierefreiheit
- Optisch ansprechende und konforme Gestaltung
- Einsatz moderner Technik
- Sauberer und lesbarer HTML-Code
- Beiläufige Search Engine Optimization (SEO)

Schnell wird klar, dass es sich hierbei nur um eine minimale Auswahl an Argumenten handelt, mit denen man im Namen der Barrierefreiheit ins Gefecht ziehen kann. Eine vollständige Auflistung aller Argumente würde an dieser Stelle den Rahmen des Buchs sprengen. Fest steht: Ist ein Webentwickler oder ein Designer einmal mit den Handgriffen und möglichen Falltüren der Barrierefreiheit vertraut, kostet es ihn in Zukunft einen geringfügigen Mehraufwand, eine Webanwendung von Beginn an barrierefrei zu halten. Das kostspielige Nachbearbeiten einer Anwendung und die nachträglichen Optimierungen würden dann in Zukunft entfallen, und eine barrierefreie Anwendung würde kaum merkbare Mehrkosten verursachen. Die Waage, die Kosten und Nutzen der Barrierefreiheit miteinander vergleicht, würde dann deutlich auf die Seite des Nutzens kippen.

2.3 Grundlagen und Begriff

Barrierefreiheit bezeichnet im deutschen Sprachgebrauch eine Gestaltung der baulichen Umwelt in der Weise, dass sie von Menschen mit Behinderung in derselben Weise genutzt werden kann wie von Menschen ohne Behinderung. Im außerdeutschen Raum spricht man eher von Zugänglichkeit oder der Accessibility. Warum der Begriff Accessibility für die Barrierefreiheit in Webanwendungen nicht ausreicht, erläutert Kapitel 2.4.

Weit verbreitet ist die Annahme, dass Barrierefreiheit in Softwareanwendungen und gerade im Web nur für Menschen mit Behinderung oder in fortgeschrittenem Alter notwendig ist. Gerade aber bei der Entwicklung

Grundlagen und Begriff

von Webanwendungen werden unbewusst schnell Barrieren geschaffen, die auch den Benutzer ohne körperliches Handicap betreffen. Diese Behauptung wurde bereits in Kapitel 2.2 begründet und bewiesen.

Barrierefreiheit als Thema für Webentwickler und -designer wird auch deshalb immer wichtiger und interessanter, weil die Menschen eine immer höhere Lebenserwartung haben, und gerade Menschen mit Behinderungen immer besser medizinisch versorgt werden können. Daraus lässt sich schließen, dass gerade ältere Menschen und Behinderte immer zahlreicher und intensiver die Begeisterung für das Internet und den Computer entdecken. Wieso sollten wir als Entwickler von Software diese Zielgruppen ausschließen bzw. dieses stetig wachsende Benutzerumfeld ignorieren?

Die demografische Entwicklung spielt seit den 90er-Jahren eine immer größere Rolle in Bezug auf eine barrierefreie Umweltgestaltung. In Deutschland wird sich nach Prognosen des Statistischen Bundesamtes die Zahl der 80-Jährigen und Älteren bis zum Jahr 2050 nahezu verdreifachen, von heute knapp vier Millionen auf 10 Millionen Menschen über 80 Jahren.

Mit gutem Beispiel in Bezug auf Barrierefreiheit gehen schon seit Jahren viele Städte und Verkehrsbetriebe voran. Gehwege, Bahnsteige, Bushaltestellen und viele weitere öffentlich nutzbare Einrichtungen werden zunehmend barrierefrei gestaltet, um es jedem zu ermöglichen, ein öffentliches Angebot wahrzunehmen. Genau dieses Umdenken muss jetzt in Bezug auf Software und gerade auf Anwendungen im Web ebenfalls stattfinden, damit auch in diesem Bereich kein Interessent von der Benutzung einer Anwendung ausgeschlossen wird. Gerade in Unternehmen ist es wichtig, firmenweit eingesetzte Software barrierefrei zu haben, denn nur so haben Menschen mit Behinderungen auch eine Chance, in der Welt der IT einen Job zu finden und ausüben zu können wie jeder andere auch.

Barrierearm statt barrierefrei

Verstärkt setzt sich in der letzten Zeit der Begriff des barrierearmen Webdesigns durch. Das beruht auf der Tatsache, dass eine 100 %-ige Barrierefreiheit einer Webanwendung nicht zu erreichen ist. Verschiedene Benutzerinteressen, Hilfsmittel und technische Voraussetzungen machen die Barrierefreiheit einer Anwendung unmöglich.

2 – Gedanken

In diesem Buch werde ich trotzdem auf den Begriff der Barrierefreiheit zurückgreifen, da er einfach geläufiger ist als die Bezeichnung barrierearm. In einem Pflichtenheft bzw. einem Vertrag mit einem Kunden sollten Sie hier aber vorsichtig sein. Halten Sie in einem Vertrag bzw. einem Pflichtenheft genau fest, welche konkreten Anforderungen und Ziele an eine barrierefreie Anwendung bestehen. Definieren Sie genau, welche Leistungen Sie erbringen und welches Ergebnis nach der Optimierung einer Anwendung auf Barrierefreiheit vorliegt. Auch die Abgrenzung zwischen barrierearm und barrierefrei sollte in einem solchen Schriftstück nicht fehlen.

Eine gute Formulierungsbasis für einen solchen Vertrag hat Markus Erle 2006 in einem Vortrag auf dem Erlanger Webkongress geliefert:

„Das komplette Internetportal soll ein Höchstmaß an Zugänglichkeit für unterschiedliche Zielgruppen bieten. Als Grundlage dienen die Anforderungen der BITV mit Priorität 1 und 2, eine standardkonforme, linearisierte und semantisierte Kodierung als XHTML 1.0 Strict (gemäß des Webstandards des W3C), die konsequente Trennung von Inhalt und Gestaltung über CSS-Design. Abnahmekriterium sind 95 oder mehr Punkte beim BITV-Kurztest des BIK."

(Markus Erle: „Barrierefreiheit rechtzeitig sichern – Tipps für Ausschreibungen und Auftragsvergabe", http://www.video.uni-erlangen.de/cgi-bin/index.pl/Resource/128?download=1, S. 27, Webkongress Erlangen 2006)

2.4 Säulen der Barrierefreiheit

Ein gutes beständiges Haus kann nur von einem starken und stabilen Fundament getragen werden. Dieses Prinzip gilt auch beim Thema Barrierefreiheit. Eine barrierefreie Webanwendung basiert grundsätzlich auf zwei Säulen: der Accessibility und der Usability. Oftmals wird beim Thema Barrierefreiheit nur von der Accessibility gesprochen, oder die beiden Begriffe werden gleichgesetzt. Beim genaueren Hinsehen erkennt man jedoch, dass die Usability (Benutzerfreundlichkeit) ebenso eine wichtige Rolle in einer barrierefreien Webanwendung spielt und beide Begriffe von Grund auf verschiedene Ansprüche an eine Software beschreiben.

Säulen der Barrierefreiheit

Abbildung 2.1: Säulen der Barrierefreiheit

Die Grenzen der Accessibility und der Usability sind oft nicht klar definiert oder verschwimmen zunehmend zu einem Begriff. Die folgenden beiden Kapitel heben den Unterschied noch einmal deutlich hervor.

2.4.1 Accessibility

Unter Accessibility ist die Zugänglichkeit bzw. Erreichbarkeit in Bezug auf eine Anwendung zu verstehen. Sie beschreibt die Fähigkeit, Informationen für jeden Benutzer zugänglich zu machen, unabhängig von technischen und körperlichen Voraussetzungen und Einschränkungen. Um die Zugänglichkeit einer Anwendung deutlich zu verbessern, können diverse Maßnahmen getroffen werden. Im Detail werden diese Maßnahmen in Kapitel 5 und 6 näher erläutert. Ziel ist es, nahezu keinen Benutzer von der Verwendung der Anwendung auszuschließen. Es gilt Barrieren, die sich beinahe immer bei der Entwicklung und dem Design einer Webanwendung einschleichen, zu erkennen und mit geübten Handgriffen zu beseitigen. Ob sich eine Anwendung intuitiv und einfacher bedienen lässt, wird von der Usability beschrieben.

2.4.2 Usability

Die Usability strebt nach der idealen Strukturierung von Informationen, um eine effiziente Nutzung von Informationen und Technologie überhaupt erst zu ermöglichen. Eine Anwendung sollte sich möglichst an feste

2 – Gedanken

und etablierte Standards halten und der Erwartung eines Benutzers entsprechen. Das Motto sollte sein, mit möglichst wenigen Schritten gezielt, standardisiert und selbsterklärend eine Information zu finden oder eine Aktion durchzuführen. Spätestens hier sollte klar werden, dass eine Optimierung nach Usability-Kriterien nicht unbedingt zur Verbesserung der Accessibility führt. Ein Beispiel ist eine Auswahl verschiedener Farbkontraste, die die Benutzerführung in einer Anwendung nachweislich verbessern. Gerade aber für Menschen mit einer Farbblindheit stellt das eine erhebliche Barriere dar. Zudem ist zu beachten, dass es eine große Gruppe an Menschen gibt, die eine Anwendung im Monochrommodus verwenden, um Kontraste besser erkennen zu können. Es gilt nun, einen gangbaren Mittelweg zu finden, um Usability und Accessibility zu vereinen.

2.5 Wer braucht's?

Man wird recht schnell gerade in Kundenprojekten auf die Frage stoßen: „Wer braucht barrierefreie Webanwendungen?" Die Frage lässt sich kurz und knapp beantworten: „Alle!"

Das mag zunächst ketzerisch und dick aufgetragen klingen. Der Großteil aller Entwickler und Designer, der sich anfänglich mit Barrierefreiheit beschäftigt, denkt zuerst an blinde Nutzer und Menschen mit körperlichen Behinderungen. Alleine in Deutschland gibt es 6,7 Mio. Menschen mit Schwerbehinderung und 164 000 Blinde sowie 1 Million sehbehinderte Menschen. Allein diese Gruppen sind aber nicht der alleinige Grund, warum sich eine Optimierung auf eine barrierefreie Anwendung lohnt. Ich behaupte, dass jeder einzelne Leser dieses Buchs einmal vor einer Barriere stand, die es ihm unmöglich gemacht hat, eine Webanwendung komfortabel zu bedienen oder die ihn gar dazu bewegt hat, das Programm oder die Website zu schließen. Wer von Ihnen stand nicht schon einmal vor dem Problem, dass er näher an den Bildschirm rücken musste, um eine viel zu klein skalierte Schrift lesen zu können. Denken Sie an einen Text, den Sie schon das zweite Mal aufmerksam durchlesen und den Inhalt nicht wirklich verstehen. Sie surfen mit einem mobilen Endgerät quer durchs Netz oder versuchen, eine

Wer braucht's?

Anwendung Ihrer Firma auf Ihrem Smartphone auszuführen. In den meisten Fällen werden Sie hier seitens der Anwendung an eine Grenze stoßen, die es unmöglich macht, die Anwendung mobil zu verwenden. Sie erahnen, worauf ich hinaus will: Sie stehen vor einer Barriere, die es Ihnen unmöglich macht, eine Anwendung ohne Hindernisse und Hilfsmittel zu bedienen. Damit sei bewiesen: „Barrierefreiheit geht uns alle an."

Die nachfolgende Auflistung ist nur eine kleine Auswahl an Zielgruppen, die dankbar für eine barrierefreie Webanwendung sind:

- Nutzer mit leerem Funkmaus-Akku
- Gruppe der 50+
- Die junge Frau mit der Sehnenscheidenentzündung am Handgelenk
- Blinde Nutzer, die begeistert im Internet einkaufen
- Ca. 8 % aller Männer mit einer Rot-Grün-Sehschwäche
- Nutzer moderner Mobiltechnik
- Nutzer mit langsamer Internetverbindung
- Anwender mit Sehbehinderung oder Blindheit

Spätestens jetzt sollten wir eine Antwort auf die Frage haben, wer auf Barrierefreiheit angewiesen ist. Wir sollten erkannt haben, dass selbst Menschen, die keine offensichtliche Behinderung bzw. Beeinträchtigung haben, ebenso von optimierten Webanwendungen profitieren können. Der vom Kunden und von Entwicklern und Designern so häufig erwähnte Standardbenutzer, für den die Anwendung optimiert und zugeschnitten werden soll, den gibt es eben doch nur auf dem Papier. Es ist also durchaus sinnvoll, sich immer die Frage zu stellen: „Was kann ich an meiner Anwendung optimieren, um es allen Benutzern so einfach wie möglich zu machen, meine Software bzw. Webseite so leicht wie möglich bedienen zu können?" Und denken Sie daran: Je mehr Anwender Sie mit Ihrer Anwendung erreichen können, desto höher ist das Umsatzpotenzial, das Sie mit einer auf Barrierefreiheit optimierten Anwendung erreichen können. Nicht zuletzt dieser Gedanke sollte doch ein Anreiz sein, die kommenden Seiten aufmerksam zu lesen, finden Sie nicht?

2 – Gedanken

2.6 Arten von Barrieren

Die letzten Abschnitte haben bereits angedeutet, dass es unterschiedliche Barrieren geben kann, die das Arbeiten mit einer Webanwendung erschweren. Diese Barrieren möchte ich nun kategorisieren in visuelle, motorische und geräteabhängige Barrieren und sie anhand eines Fallbeispiels verdeutlichen. Sie werden erkennen, dass die Barrierefreiheit deutlich mehr umfasst als nur die Optimierung einer Webanwendung für Menschen mit einer Behinderung.

2.6.1 Visuelle Barriere

Markus ist von Geburt an blind. Der lebenslustige Computerfreak hat sich trotzdem dazu entschlossen, den Beruf des IT-Systemkaufmanns zu erlernen und befindet sich in den letzten Zügen seiner Ausbildung. Für seine Abschlussarbeit muss er eine Recherche über Webserver betreiben, da dieses Thema einen großen Teil seiner Abschlussarbeit darstellt. Von einem Kollegen hat er eine Website empfohlen bekommen, die er gleich nach seiner Mittagspause besuchen möchte. Hier sollen wertvolle Informationen über Webserver zu finden sein.

Markus arbeitet mit einem Screen Reader, der ihm den Inhalt einer Webseite der Reihe nach vorliest. Nachdem Markus die von seinem Kollegen empfohlene Seite aufgerufen hat, wird er mit unzähligen unnützen Informationen zugeschüttet. Sein Screen Reader kommt kaum zu einer Pause, doch dann endlich stoppt er bei einer Verlinkung, der Markus auch folgt. Von der folgenden Seite erhofft er sich, etwas mehr Informationen über das Thema Webserver zu finden. Leider bietet sich hier das gleiche Bild wie bereits eine Seite zuvor, der Screen Reader überhäuft Markus mit Informationen, die ihn nicht interessieren. Seufzend wechselt Markus zu seiner Lieblingssuchmaschine und macht sich selbst auf die Suche nach den gewünschten Informationen. „Würden doch alle Betreiber in ihre Webseiten Sprungmarken, Bildbeschreibungen und Link-Erläuterungen einbauen, wie mein Lieblingsfußballverein, dann könnte ich viel leichter Informationen zu einem Thema beschaffen" grummelt er.

Arten von Barrieren

2.6.2 Motorische Barriere

Lara ist frisch gebackene Mutter und versorgt ihren kleinen Säugling Max alleine zu Hause, solange ihr Mann auf der Arbeit ist. Als Max am frühen Nachmittag endlich in den Armen von Lara eingeschlafen ist, entschließt sie sich, kurz im Internet nach neuen Kinderspielsachen zu schauen. Sie verlagert Max also auf den linken Arm und zieht vorsichtig den Laptop heran. Sie öffnet die Webseite eines Spielwarenladens, bei dem sie bereits schon einige Male bestellt hat. Sie versucht, mit dem Touchpad die viel zu kleinen Hyperlinks anzuvisieren, die sie zu den Details der Artikel führen sollen. Als ihr das nicht gelingt, versucht sie es mit der Tabulatortaste und wundert sich, wieso der Cursor auf einmal im Fußbereich der Seite landet. Etwas genervt vergrößert sie die Seite mit der *Skalieren*-Funktion des Webbrowsers. „Wieso ist denn jetzt das ganze Layout verschoben, da erkennt man ja gar nichts mehr" ärgert sie sich und gibt das Surfen genervt auf. „Da muss ich eben warten, bis Max aufwacht."

2.6.3 Geräteabhängige Barriere

Sarina ist eine tüchtige Geschäftsfrau, die beruflich viel unterwegs ist. Aktuell ist Sie in Heidelfeld unterwegs und gerade von einer harten Verhandlung beim Kunden in ihr Hotelzimmer zurückgekehrt. Da sie den ganzen Tag noch nicht viel gegessen hat, nimmt sie sich vor, sich gleich auf die Suche nach einem guten Restaurant zu machen. Damit ihr dabei nicht allzu viel Zeit verloren geht, zückt sie ihr Smartphone und ruft die Webseite der Stadt auf, um sich dort einen Überblick über die ansässige Gastronomie zu verschaffen. Leider zeigt ihr das Smartphone an, dass die Seite nicht geladen werden kann, weil diese Frames verwendet. Sarina erinnert sich aber noch an ein gutes Portal, das Restaurants bewertet und auch eine Liste von Lokalitäten zur Verfügung stellt, die sich nach einer Stadt filtern lassen. Die Seite lässt sich diesmal zwar aufrufen, wo aber ist die Navigation und wieso funktioniert die Filterfunktion nicht. Sarina stellt fest, dass die Seite unbedingt Ja-

2 – Gedanken

vaScript erfordert, das wird aber von ihrem Smartphone nicht unterstützt. Zudem ist die Seite viel zu breit, um sie auf dem kleinen Bildschirm darzustellen. „Tja, da muss ich wohl auf gut Glück die Suche nach einer passenden Lokalität starten."

2.6.4 Barrieren, Ursachen und Maßnahmen

Christiane Müller hat sich in ihrer Onlineauswertung (*www.die-barrierefreie-website.de*) zum Thema Barrierefreiheit die Arbeit gemacht und mögliche Barrieren und deren Ursachen ausgearbeitet. Das Ergebnis möchte ich an dieser Stelle aufgreifen und Ihnen vorstellen.

Jede Barriere entsteht Aufgrund einer Ursache. Abbildung 2.2 stellt das in Form einer Grafik dar. Aus einer Barriere und deren Ursache lassen sich Maßnahmen ableiten, die die Barriere aus dem Weg räumen. Die Zuordnung einer Maßnahme zu einer Barriere ist nicht möglich, da eine Maßnahme meist mehrere Barrieren bearbeitet und eliminiert. Deshalb sind diese lediglich in einem Container *Maßnahmen* zusammengefasst.

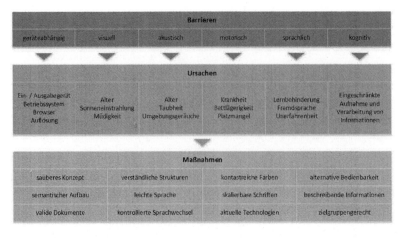

Abbildung 2.2: Barrieren, Ursachen und Maßnahmen

3 Fakten

3.1 Gesetze und Normen

In vielen Ländern sind die Rechte von Behinderten und die Pflichten einer jeden juristischen Person gegenüber dieser Bevölkerungsgruppe geregelt. Gerade in Deutschland hat der Gesetzgeber erkannt, dass hier klare Regelungen getroffen und in Gesetze gegossen werden müssen, um es Menschen mit Behinderung einfacher zu machen, sich in den hektischen Alltag integrieren zu können und nicht als Randgruppe in der Gesellschaft wahrgenommen zu werden. Es gibt sicher kein schöneres Gefühl für einen Menschen mit Handicap, als nicht als solcher wahrgenommen zu werden.

Haben Sie keine Angst, in diesem Kapitel werde ich Sie nicht mit unnötigen Gesetzestexten oder juristischen Belehrungen überschütten und langweilen. Die folgenden Absätze dienen lediglich dazu, Ihnen einen Überblick darüber zu verschaffen, welche Regeln es in Bezug auf Menschen mit Behinderung in Deutschland und im Ausland gibt und welche Auswirkungen diese Gesetze und Normen auf eine Webanwendung haben.

3.1.1 Behindertengleichstellungsgesetz (BGG)

Das Behindertengleichstellungsgesetz ist im Jahre 2002 in Deutschland in Kraft getreten und war der erste große Meilenstein zur Gleichstellung behinderter Menschen. Das Gesetz gilt auf Bundesebene und richtet sich zunächst an öffentliche Einrichtungen und Träger der öffentlichen Gewalt. Das Gesetz regelt zusammengefasst folgende Dinge:

- Benachteiligungsverbot behinderter Menschen für öffentliche Einrichtungen (§ 7 BGG)

3 - Fakten

- Gewährleistung von Barrierefreiheit in den Bereichen Verkehr und Bau (§ 8 BGG)
- Recht auf Verwendung von Gebärdensprache und anderen Kommunikationsmöglichkeiten abseits des Standards (§ 9 BGG)
- Bestimmungen für die Gestaltung von öffentlichen Formularen und Vordrucken (§ 10 BGG)
- Bestimmungen für eine barrierefreie Informationstechnik (§ 11 BGG)

Der § 11 des Behindertengleichstellungsgesetzes ist der wohl für uns wichtigste Paragraf, denn hier finden sich wichtige Informationen und Regelungen rund um barrierefreie Informationstechnik. Wer hier im Gesetzestext allerdings nach klaren Richtlinien und definierten Standards für Softwaredesign sucht, der wird enttäuscht. Vielmehr wird man feststellen, dass das Gesetz lediglich festlegt, dass Internetangebote und -auftritte sowie Softwareoberflächen von Trägern öffentlicher Gewalt barrierefrei gestaltet werden und für einen Menschen mit Handicap ohne Einschränkung verwendbar sein müssen.

Klarheit bekommt man meist, wenn man sich die aus Gesetzen entstandenen Verordnungen heranzieht. Diese geben Aufschluss darüber, welche Kriterien im Detail erfüllt werden müssen, um nicht in Konflikt mit dem jeweiligen Gesetz zu geraten. So verhält es sich auch im Fall des Behindertengleichstellungsgesetzes. Hierzu existiert die Barrierefreie-Informationstechnik-Verordnung (BITV), die in Kapitel 3.1.2 genauer beschrieben wird.

3.1.2 Barrierefreie Informationstechnik-Verordnung (BITV)

Die Barrierefreie Informationstechnik-Verordnung (BITV) ist die Ergänzung zum Behindertengleichstellungsgesetz (BGG), die ebenfalls im Jahre 2002 in Kraft getreten ist. Die BITV definiert genaue Kriterien,

Gesetze und Normen

nach denen man eine Anwendung beurteilen und nach Gesichtspunkten der Barrierefreiheit in Hinblick auf das BGG bewerten kann. Auch die BITV ist vorerst nur für die Träger der öffentlichen Gewalt verbindlich und hat keinen Einfluss auf private oder kommerzielle Webangebote. Gerade kommerzielle Anbieter von Webinhalten sind jedoch dazu aufgerufen, ihre Angebote weitestgehend barrierefrei zu gestalten. Dabei können sie sich entweder an der nationalen BITV oder an den internationalen Web Content Accessibility Guidelines (WCAG) des W3C orientieren.

Es soll an dieser Stelle nicht unerwähnt bleiben, dass selbst vermeintlich in Stein gemeißelte Verordnungen durchaus auch eine Aktualisierung erfahren können. So entstand 2011 die BITV 2.0, in der auch Bezug auf mobile Technologien und weitere moderne Techniken genommen wird.

Die BITV definiert im Wesentlichen folgende Punkte:

- Bereitstellung von Alternativen zu Audio- und visuellen Inhalten
- Struktur/Semantik nicht nur durch Farben darstellen
- Markup und Style Sheets korrekt einsetzen und verwenden
- W3C-Techniken und -Richtlinien einhalten
- Klare Navigationsmechanismen
- Einfach gehaltene Inhalts- und Satzstrukturen
- Geräteunabhängiges Design wählen
- Möglichst auf dynamische Layouts setzen

Die BITV entstammt dem Kontext der Web Content Accessibility Guidelines (WCAG) des W3C. Das sind Richtlinien, die Barrierefreiheit in Webapplikationen auf internationaler Ebene definieren. Das W3C und seine Aufgaben werden in Kapitel 3.2 näher erläutert.

3 - Fakten

3.1.3 Web Content Accessibility Guidelines (WCAG)

Die WCAG sind Richtlinien und Empfehlungen für barrierefreie Webanwendungen, die von der W3C ausgearbeitet und zur Verfügung gestellt wurden.

Die WCAG bilden in vielen Ländern die Grundlage für nationale Gesetze und Verordnungen und werden darüber hinaus auch von Unternehmen als Vorgabe für eine Optimierung der Barrierefreiheit übernommen. Da das W3C sich zudem auch mit der Standardisierung von HTML Markup befasst, ist es sinnvoll, auch die Definition von Standards in Bezug auf die Barrierefreiheit im Web in die Hände des W3C zu legen. Nähere Informationen zum W3C finden sich in Kapitel 3.2.

Der wesentliche Unterschied zwischen der BITV und der WCAG liegt in der Detaillierung der Vorgaben. Die BITV spezifiziert nicht im Detail, wie HTML Markup in barrierefreien Webanwendungen zu verwenden ist, sondern beschreibt vielmehr, welches Ziel erreicht werden muss. Technisch detaillierter sind da die Definitionen der WCAG. Diese beinhalten nicht nur Zieldefinitionen, sondern zeigen auch mittels HTML Markup den Weg dorthin und liefern passende Beispiele. Da HTML gerade in den letzten Jahren sehr schnelllebig geworden ist und es regelmäßige Aktualisierungen und Erweiterungen gibt, liegt es auf der Hand, dass die in Deutschland verfasste BITV nicht bei jeder technischen Neuerung überarbeitet und angepasst werden kann. Aus diesem Grund hat man sich für eine nicht technisch geprägte Zielvereinbarung entschieden, die es dem Entwickler offen lässt, die Verordnung immer mit aktuellster Technologie umzusetzen. Hierbei können der Entwickler oder auch der Designer auf die WCAG, welche einen höheren Detaillierungsgrad besitzen, zurückgreifen.

3.1.4 Der Blick ins Ausland

Im letzten Abschnitt der Gesetze und Normen noch ein paar Worte zur internationalen Rechtsprechung in Bezug auf Barrierefreiheit. Gerade die Regelungen in Österreich und der Schweiz sollten für viele Leser an dieser Stelle interessant sein.

Gesetze und Normen

Europäische Union

In der europäischen Union leben derzeit ca. 38 Millionen Menschen mit Behinderung. Der Anteil älterer Menschen über 60 Jahre nimmt stetig zu und beträgt mittlerweile 20 Prozent der Gesamtbevölkerung.

Die europäische Union hat 1999 die so genannte eEurope-Initiative ins Leben gerufen, die verschiedene Ziele zur Informationsgesellschaft definiert hat. Unter anderem hat sie dafür Sorge getragen, dass die Richtlinien der WAI bis 2002 in allen öffentlichen Einrichtungen umgesetzt wurden. Sie ruft die europäischen Mitgliedsstaaten dazu auf, sich für die Umsetzung der Leitlinien einzusetzen.

Einen festen Kriterienkatalog, nach dem ein Angebot als barrierefrei beurteilt werden kann, gibt es bisher noch nicht. Die Länder sind angehalten, nach den bisher bekannten Regelungen und Normen zu agieren und ihre Angebote auf Barrierefreiheit zu optimieren.

Österreich

Auch in Österreich ist in der Bundesverfassung festgeschrieben, dass nach dem Gleichheitsgrundsatz ein ausdrückliches Diskriminierungsverbot für behinderte Menschen gilt. Der Bund, die Länder und die Kommunen bekennen sich zur Gleichstellung behinderter und nicht behinderter Menschen und verpflichten sich zur Gestaltung barrierefreier digitaler Informationen.

In § 6 des österreichischen Behindertengleichstellungsgesetzes wird definiert, dass eine Einrichtung barrierefrei ist, wenn sie für jedermann in der allgemein üblichen Weise benutzt und ohne fremde Hilfe erreicht werden kann. Solange sich die Europäische Union nicht auf verbindliche Normen geeinigt hat, gelten die Richtlinien der WCAG 1.0 des W3C.

Schweiz

Die Schweiz regelt die Zugänglichkeit zu Internetangeboten des Staates für Menschen mit Behinderung in der Bundesverfassung. Sie regelt die

3 – Fakten

Barrierefreiheit von Webanwendungen mittels eines Gesetzes und einer daraus entstandenen Verordnung.

Das Behindertengleichstellungsgesetz (BehiG), das im Januar 2004 in Kraft getreten ist, hat zum Ziel, behinderte Menschen möglichst zu einem Leben zu verhelfen, das mit demjenigen eines Menschen ohne Behinderungen gleichzusetzen ist.

In der Behindertengleichstellungsverordnung (BehiV), die zum selben Zeitpunkt wie das BehiG in Kraft getreten ist, ist detailliert beschrieben, dass die Informationen im Internet für Menschen sämtlicher Behinderungen zugänglich sein müssen.

Bund, Kantone, Gemeinden und bundesnahe Firmen müssen ihre Angebote Behinderten ohne erschwerende Bedingungen zugänglich machen. Private Webanwendungen sind zu einer Optimierung nicht verpflichtet, dürfen jedoch keine Bevölkerungsgruppe diskriminieren und vom Angebot ausschließen.

In der Schweiz wurde das Eidgenössische Büro für die Gleichstellung von Menschen mit Behinderung (EBGB) gegründet, um die Gleichstellung von behinderten und nicht behinderten Menschen zu fördern und sich für die Einhaltung von Richtlinien der Barrierefreiheit einzusetzen.

Die Richtlinie für die Optimierung von Webangeboten zur Barrierefreiheit stellt die WCAG 2.0 dar, die unverändert übernommen wurde.

USA

Rund 39 Millionen Menschen in den USA gelten als behindert. Was kaum jemand weiß: Die USA sind Vorreiter bezüglich Einführung der Barrierefreiheit in öffentlichen Einrichtungen. Schon 1990 wurde das Americans with Disabilities Act (ADA) erlassen, ein Behindertengleichstellungsgesetz, dessen Umsetzung vom Justizministerium überwacht wird. Eine unabhängige Einrichtung erarbeitete ein Regelwerk zur Barrierefreiheit von Internetangeboten, das mit in die Beschaffungsvorgaben aufgenommen wurde und an das sich alle Firmen halten müssen, die Waren und Dienstleistung an die Regierung verkaufen.

Auch in den USA ist die WAI der maßgebende Standard für die Umsetzung von barrierefreien Webanwendungen und -angeboten.

3.2 Webstandard des W3C

Das W3C (Word Wide Web Consortium) verbindet man eigentlich sofort mit der Standardisierung von HTML Markup. Das trifft zunächst voll und ganz zu, ist aber nicht die einzige Aufgabe dieses Gremiums.

Das W3C wurde Ende des Jahres 1994 gegründet, als der Ruf nach einem einheitlichen Standard für das Schreiben von HTML immer lauter wurde. Viele Unternehmen und Behörden entdeckten in den 90ern das Internet für sich, und das Angebot an Webseiten wuchs von Tag zu Tag rasant an. Ganzheitliche komplexe Anwendungen waren damals zwar noch nicht wirklich ein Thema, dafür aber die großen Unterschiede in der Darstellung der Webseiten auf verschiedenen Browsern. Viele Hersteller schwammen auf der Welle des Interneterfolgs mit, und so entstanden nahezu zeitgleich eine Handvoll Browser, die sich weltweit großer Beliebtheit erfreuten. Das große Problem an dieser Entwicklung war jedoch, dass jeder Browserhersteller sein eigenes Süppchen in Sachen HTML-Markup-Interpretation kochte, denn einen Standard hierfür gab es bis dahin nicht. Das hatte zur Folge, dass Webseiten in verschiedenen Browsern unterschiedlich dargestellt wurden. Schlimmer noch, eine Webseite, die in einem Browser makellos funktionierte, war unter Verwendung eines anderen Browsers unbenutzbar.

Sie können sich sicher gut vorstellen, dass Gespräche zwischen verfeindeten Unternehmen zwecks einer Einigung auf einen Standard von vornherein zum Scheitern verurteilt waren. Beabsichtigte Unterschiede in der Interpretation von HTML der einzelnen Browser warf man sich gegenseitig vor.

Nun kommt das W3C rund um Tim Berners-Lee, der als Erfinder des World Wide Web gilt, ins Spiel – ein unabhängiges und von allen Streitparteien respektiertes Gremium, das 1994 auf den Plan getreten ist. Bis heute ist das W3C das Maß aller Dinge in Sachen HTML Markup Definition und Standardisierung. Das Konsortium definiert seither die Darstellung und

3 – Fakten

den Verwendungszweck von HTML und hat maßgeblich dazu beigetragen, dass Webseiten der heutigen Zeit in allen gängigen Internetbrowsern gleich dargestellt werden. Die Rivalität zwischen den einzelnen Browserherstellern hat sich jedoch bis heute gehalten, und so ist es nicht verwunderlich, dass es hier und da immer noch kleine Unterschiede in der Darstellung von Webseiten gibt. Diese sind allerdings mit kleinen Workarounds leicht zu beheben oder zu umgehen.

Nun schließen wir den Kreis und stellen fest, dass die Definition von Standards in Bezug auf Accessibility nirgendwo besser aufgehoben sein kann als beim W3C. Denn wer sich mit der Standardisierung von HTML beschäftigt, für den sollte es ein Leichtes sein, zu definieren, wie dieses Markup auch für Menschen mit einem Handicap leicht zu interpretieren ist, und das nicht nur mit einem der marktführenden Browser, sondern auch mit einem Screen Reader oder einer Braille-Zeile.

HINWEIS: Das W3C beschäftigt sich neben der Standardisierung von HTML auch mit der Definition von Regeln für XML, XSLT, CSS, XPATH u. v. m. Auch im Bereich CSS waren bis vor einigen Jahren die Darstellungsunterschiede in den Browsern gravierend. Mittlerweile halten sich die Hersteller auch in diesem Bereich größtenteils an die Konventionen des W3C, was dem Webentwickler von heute die Arbeit deutlich erleichtert.

3.3 Hilfsmittel abseits vom Standard

Es ist sinnvoll, sich als Webentwickler oder -designer immer wieder vor Augen zu führen, mit welchen Hilfsmitteln eine Webanwendung verwendet werden kann und welche technischen Möglichkeiten dem Anwender zur Unterstützung bereitstehen.

Am häufigsten finden folgende Hilfsmittel Verwendung:

- Vergrößerungssoftware (Bildschirmlupe)
- Screen Reader und Braille-Zeile

Hilfsmittel abseits vom Standard

- Sprachsteuerung
- Spezialtastaturen (besonders große/kleine Tasten, Sondertasten)
- Trackball-Mäuse
- Touchscreens
- Elektronische Steuerungen (über Augen-/Kopfbewegungen, Infrarot)
- Blasrohr zur Steuerung über den Atem (saugen, blasen)

Auf die verbreiteten Hilfsmittel wird in den folgenden Kapiteln noch einmal im Detail eingegangen.

3.3.1 Vergrößerungssoftware (Bildschirmlupe)

Eine Vergrößerungssoftware oder auch Bildschirmlupe wird von den meisten Betriebssystemen bereits standardmäßig mitgeliefert. Die Software vergrößert ausgewählte Bildschirmausschnitte und macht die angezeigten Informationen besser lesbar. Dieses Hilfsmittel wird nicht nur von sehbehinderten Anwendern genutzt, sondern kommt auch häufig bei den 50+-Nutzern sowie bei Präsentationen und Schulungen zum Einsatz.

Abbildung 3.1: Bildschirmlupe

3 - Fakten

3.3.2 Screen Reader und Braille-Zeile

Der Screen Reader und die Braille-Zeile sind wichtige Hilfsmittel für Menschen mit Sehbehinderung oder Blindheit. Gerade blinde Benutzer gleichen das fehlende Sehvermögen mit dem Gehör oder dem Tastsinn aus. Während der Screen Reader die Informationen einer Webanwendung in akustische Signale umwandelt, bildet die Braille-Zeile diese in abtastbarer Form, der so genannten Blindenschrift ab.

Screen Reader

Der Screen Reader gibt den Inhalt einer Webanwendung akustisch an den Anwender weiter. Er liest den Inhalt des Angebots vor und informiert zudem über markante Stellen der aktuell geöffneten Seite wie z. B. Hyperlinks, Bilder, Tabellen usw.

Der am Markt bekannteste Screen Reader ist wohl JAWS (Job Access With Speech). Weitere Informationen zu diesem Tool finden sich im Kapitel Qualitätssicherung.

Die meisten Screen Reader integrieren sich in einen normalen Browser und sind in den seltensten Fällen ein eigenständiges Programm. Das hat unter anderem den Charme, dass ein blinder und ein sehender Anwender gleichzeitig über eine Anwendung zusammen auf ein Webangebot schauen können.

Braille-Zeile

Die Braille-Zeile ist ebenfalls ein Hilfsmittel für Menschen mit einer Sehbehinderung. Im Gegensatz zum Screen Reader nutzt eine Braille-Zeile den Tastsinn des Anwenders, um ihm Informationen der Webanwendung verständlich zu machen.

Man muss sich die Braille-Zeile wie eine Art Leiste vorstellen. Diese Leiste ist bestückt mit einer Vielzahl von Stiften, die dynamisch aus der Leiste herausfahren und so die zu ertastende Blindenschrift generieren. Das Gerät wird meist an den herkömmlichen USB-Anschluss des Rechners an-

Hilfsmittel abseits vom Standard

geschlossen und funktioniert in Kombination mit einem Screen Reader. JAWS unterstützt zum Beispiel nicht nur die akustische Wiedergabe von Webseiteninhalten, sondern auch die Verwendung einer Braille-Zeile.

Die Braille-Zeile kann jedoch mehr als nur Inhalte ausgeben. Sie verfügt über spezielle Tasten, die es dem Anwender ermöglichen, verschiedene Schaltflächen oder Bereiche in einer Anwendung auszuwählen, und unterstützten bei der Navigation. Man kann sich diese Tasten auch als ein Art Mausersatz vorstellen, mit denen man wie mit der Maus eine Software steuern kann. Mit welchen Funktionen die Spezialtasten im jeweiligen Anwendungsbereich belegt sind, wird wieder über die Ausgabestifte abgebildet. Klar wird die Funktionsweise, wenn man sich die Braille-Zeile als eine normale Tastatur vorgestellt, auf deren Tasten die Buchstaben jedoch nicht fest aufgedruckt sind, sondern sich auf jeder Taste eine kleiner Monitor befindet, der dem Anwender anzeigt, welche Funktion die Taste gerade hat. Nicht anders funktionieren hier die Spezialtasten einer die Braille-Zeile.

Abbildung 3.2: Braille-Zeile der Firma Papenmeier

3.3.3 Saug- und Blasrohr

Das Saug- und Blasrohr ist ein Hilfsmittel für Anwender mit Querschnittslähmung oder Menschen mit anderen körperlichen Beeinträchtigungen, die nicht mehr im Stande sind, ihre Arme und Beine zu bewegen. Hier ist die Steuerung über den Kopf und speziell über den Mund die einzige Möglichkeit, an der digitalen Welt aktiv teilnehmen zu können. Populär wurde diese Technologie durch Sir Stephen Hawking, der als Wissenschaftler und Autor des Buchs „The Universe in a Nutshell" weltbekannt ist. Heute

Barrierefreiheit

3 – Fakten

steuert Hawking seine IT-Peripherie allerdings mit den Augen, da sich sein Bewegungsvermögen über die Jahre weiter eingeschränkt hat.

Abbildung 3.3: Barrierefreier Arbeitsplatz mit verschiedenen Hilfsmitteln

Augensteuerung

Nervenerkrankungen wie beispielsweise ALS schränken einen Menschen meist so ein, dass lediglich die Augen anstrengungsfrei bewegt werden können. Mittlerweile gibt es auch für diese Menschen ein Licht am Horizont und die Möglichkeit, einen Computer mit den Augen steuern zu können. Der englische Wissenschaftler Stephen Hawking ist wohl der bekannteste Anwender dieser Technologie. Leider ist die notwendige Hardware zur Augensteuerung für den Durchschnittsbürger unbezahlbar und unter 10 000 Euro nicht zu haben. Die IT Universität von Kopenhagen hat dieses Problem erkannt und es sich zur Aufgabe gemacht, die Technik des Eye Trackings auch weniger begüterten Behinderten zugänglich zu machen. Entstanden ist eine Freeware namens ITU Gaze Tracker (*www.gazegroup. org*), die im Zusammenspiel mit einer Webcam oder einem Camcorder eine echte Alternative zu teuren kommerziellen Systemen darstellt.

Beim Eye Tracking wird die Stellung der Pupille analysiert und errechnet, auf welche Stelle des Monitors der Anwender gerade schaut. Auf diese Weise können auch Webanwendung auf ihre Benutzerfreundlichkeit analysiert werden. Hierbei kann untersucht werden, an welcher Stelle ein Anwender die Navigation, den Inhalt oder andere Inhaltselemente vermutet. Große Lücken in der Usability können so aufgedeckt und dokumentiert werden.

4 HTML und CSS

4.1 Gute Planung erspart viel Arbeit

Bevor wir nun die Ärmel hochkrempeln und uns endlich mit der Technik und den Möglichkeiten beschäftigen, Barrierefreiheit in die Tat umzusetzen, will ich noch einige Worte über gute Planung verlieren.

Meist gilt in Projekten der Grundsatz: Je besser die Planung, desto effizienter der Weg zu einem guten Ergebnis. Gerade in Bezug auf Barrierefreiheit ist es wichtig, sich bereits im Vorfeld der Umsetzung einer Webanwendung Gedanken über mögliche Hürden und Barrieren zu machen. Sicherlich gehören hierzu erst einmal ein Grundverständnis von Barrierefreiheit und eine gewisse Erfahrung in der Umsetzung der hierfür nötigen Optimierungen. Hat man aber die ersten Webanwendungen auf Barrierefreiheit optimiert, fällt es dem dann geübten Entwickler oder Designer immer leichter, bereits in der Planungsphase Barrieren zu erkennen und elegant zu umschiffen.

Oftmals werden Webanwendungen entwickelt, ohne im Vorfeld die Barrierefreiheit in die Planung oder Umsetzung mit einfließen zu lassen. Die hierfür vorgetragenen Gründe sind meist ein knappes Zeit- oder Finanzbudget. Nach Abschluss eines Projekts und der Freigabe der Anwendung an den Endbenutzer kommen meist nachgelagerte Barrierefreiheitsmaßnahmen auf die Entwickler zu. Diese Welle an zusätzlicher Entwicklungsarbeit übersteigt meist den Rahmen, der hätte aufgewendet werden müssen, wenn man seine Software direkt von Beginn an barrierefrei geplant und umgesetzt hätte. Es ist nicht selten, dass im Nachgang das Layout, die Art der Informationsanordnung oder die Benutzerführung komplett überarbeitet oder gar neu umgesetzt werden müssen. Überlegen Sie sich deshalb gut, ob es nicht sinnvoll ist, die Barrierefreiheit als feste Konstan-

4 – HTML und CSS

te mit in Ihrer Konzeptionsphase zu verankern und diesen Punkt auch bei Ihrem Kunden sattelfest und als notwendig argumentieren zu können.

4.2 Technologien

In diesem Kapitel möchte ich kurz darauf eingehen, welche Technologien uns als Webentwickler zur Verfügung stehen, welche von diesen Werkzeugen bevorzugt für barrierefreie Webanwendungen eingesetzt werden können und auf welche Kandidaten man besser verzichtet.

HTML, CSS und JavaScript sind sicher die am weitesten verbreiteten Technologien im Webumfeld und lassen sich zweifelsfrei als Standardwerkzeuge definieren. Wer sich rein auf diese drei Technologien beschränkt, setzt im Hinblick auf Barrierefreiheit auf das richtige Pferd, um moderne und komfortable Rich Internet Applications (RIA) zu entwickeln.

Prinzipiell ist auch die Verwendung weiterer Technologien wie z. B. Silverlight, Java Applets oder Flash nicht ausgeschlossen, wenn bestimmte Grundsätze eingehalten werden. Es ist darauf zu achten, dass alle zur Bedienung notwendigen Informationen mittels HTML dargestellt werden. Zudem sollte man sich stets vor Augen führen, dass CSS nur für das optische Layout einer Seite verantwortlich ist und ausschließlich die Darstellung von Elementen für sehende Benutzer steuert. Ein Screen Reader könnte die Anwendung akustisch durchaus in einer anderen Struktur an den Anwender zurückmelden als das bei einem Monitor der Fall ist. Der Einsatz von JavaScript und anderen Plug-ins darf sich nur rein auf die Verbesserung der Usability beschränken. Wird die Darstellung von Informationen jedoch so integriert, dass die Funktionalität von JavaScript, Java, Flash, CSS usw. zwingend notwendig ist, ist das Angebot nicht barrierefrei. Viele der erweiternden Technologien bieten eigenständige Funktionalitäten zur Verbesserung der Zugänglichkeit (Java, Flash), die jedoch oft nicht genutzt bzw. nicht vom Ausgabeprogramm unterstützt werden.

4.3 Hypertext Markup Language

Die Hypertext Markup Language (HTML) ist die Grundlage einer jeden Webanwendung. HTML bietet eine Vielzahl an Elementen und dazugehörigen Attributen, die es möglich machen, kreative und mächtige Anwendungen zu realisieren. Die vielfältigen Einsatzmöglichkeiten des Markups und die Möglichkeit, diese mit CSS in Bezug auf ihre optische Darstellung anzupassen, ist Fluch und Segen zugleich. Viele Entwickler und Designer beschränken sich meist auf ein begrenztes Repertoire an HTML-Elementen, die sie immer wieder beim Implementieren von Websoftware einsetzen. Erfüllt ein Tag nicht ganz die Anforderungen des Entwicklers, wird er mit CSS passend gemacht. Oftmals werden so Tags zur Darstellung von Informationen missbraucht, die eigentlich einem ganz anderen Anwendungszweck dienen. Mit CSS lassen sich diese Elemente zwar optisch so anpassen, dass sie die Informationen im richtigen Kontext darstellen, doch wird hierbei oft vergessen, dass Screen Reader CSS nur sehr bedingt zur Interpretation einsetzen und sich vielmehr darauf verlassen, dass Informationen im hierfür vorgesehen HTML-Element untergebracht sind. Es ist deshalb lohnenswert, immer zu hinterfragen, ob die jeweilige Information auch vom dafür vorgesehenen Tag umschlossen wird. Für Inhaltstypen wie z. B. Überschriften, Absätze, Listen, Tabellen, Zitate, Formulare u. v. m. gibt es separate Tags. Gerade im Hinblick auf Barrierefreiheit ist darauf zu achten, HTML-Elemente so bestimmungsnah wie irgend möglich einzusetzen, der blinde Anwender wird es Ihnen danken.

4.3.1 Dokumententitel

Der Titel eines HTML-Dokuments wird im Kopfbereich, innerhalb des <*head*>-Elements, mittels des <*title*> Tags definiert. Dieser Tag beschreibt den Titel einer Webseite und steuert zudem die Titelzeile des Browsers (Abb. 4.1). Bei der Vergabe eines Titels ist zu beachten, dass er nicht länger als 40 bis 100 Zeichen, das entspricht in etwa vier bis zehn Worten, sein sollte. Die meisten Browser und Suchmaschinen schneiden nach dieser Zeichenzahl den Titel ab.

4 – HTML und CSS

HINWEIS: Gut gepflegte Metatags auf jeder einzelnen Seite einer Webanwendung tragen zum Suchmaschinenmarketing bei und helfen den Crawlern einer Suchmaschine, die Inhalte der Seite besser indizieren zu können. Der Text innerhalb des <title>-Elements wird von sämtlichen Suchmaschinen in hohem Maße gewichtet.

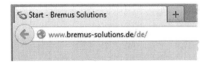

Abbildung 4.1: Titel einer Webseite im Browser

Aufgrund der enormen Bedeutung des Seitentitels ist die Nennung der wichtigsten Schlüsselwörter der Webanwendung zu empfehlen. Hierbei ist darauf zu achten, dass man sich nicht nur auf einen suchmaschinenfreundlichen Titel festlegt, sondern auch den eigentlichen Benutzer im Auge behält. So ist eine Aneinanderreihung von Schlüsselwörtern wenig sinnvoll. Listing 4.1 zeigt eine Empfehlung sowie die korrekte Implementierung des Titels im Kopfbereich einer Webseite.

```
<html>
<head>
    <title>Barrierefreiheit: Technische Maßnahmen</title>
</head>

<body>
    [...]
</body>
</html>
```

Listing 4.1: Implementierung des Titels einer Webseite

Der gezielte Einsatz eines Doppelpunkts oder Bindestrichs trägt wesentlich zur Lesbarkeit eines Dokumententitels bei. Behalten Sie immer im

Hypertext Markup Language

Blick, dass der Benutzer bei seiner Suche nach einer Information anhand eines Seitentitels entscheidet, ob die gefundene Seite das Gesuchte enthalten könnte. Der Titel einer Seite wird auch beim Anlegen eines Lesezeichens in den Favoriten als Vorlage für die Bookmark-Bezeichnung verwendet.

4.3.2 Metatags

Metadaten werden zum Beschreiben eines HTML-Dokuments eingesetzt und finden ebenfalls im Kopfbereich einer Seite Platz. Der Inhalt der Metadaten wird in einem grafischen Browser nicht angezeigt. Sowohl Suchmaschinen als auch Screen Reader und andere Hilfsmittel aus dem Bereich der Barrierefreiheit machen sich jedoch diese Informationen häufig zunutze. In HTML5 sind nur noch die Angaben zum Zeichensatz, zum Autor, zur Seitenbeschreibung sowie Schlüsselwörter vorgesehen. Für die Beschreibung einer Seite sollte man rund 150 bis 250 Zeichen verwenden. Bei den Schlüsselworten sind ca. 10 Nennungen empfehlenswert.

PROFITIPP: Suchmaschinen beziehen die Schlüsselwörter kaum noch in die Indizierung mit ein, da sie häufig von Webseitenbetreibern missbraucht und den Crawlern Inhalte einer Seite angepriesen wurden, die in Wirklichkeit nicht vorhanden waren. Deshalb beziehen sich die Crawler von Suchmaschinen nahezu ausschließlich auf den eigentlichen Inhalt einer Seite.

Metatag	Beschreibung
Zeichensatz *(content-type)*	Dateityp und Zeichensatz des Dokuments
Autor *(author)*	Autor der Webseite
Beschreibung *(description)*	Inhaltliche Beschreibung des Dokuments
Schlüsselwörter *(keywords)*	Schlüsselwörter, die den Inhalt der Seite klassifizieren

Tabelle 4.1: Mögliche Metatags in HTML5

4 – HTML und CSS

```
<html>
<head>
    <title>Barrierefreiheit: Technische Maßnahmen</title>
    <meta charset="UTF-8" />
    <meta name="author" content="Timm Bremus" />
    <meta name="description"
        content="Informationen zum Thema Barrierefreiheit" />
    <meta name="keywords"
        content="Barrierefreiheit Technische Maßnahmen" />
</head>
<body>
    [...]
</body>
</html>
```

Listing 4.2: Einsatz von Metatags in HTML

4.3.3 Dateibeziehungen

Das <link>-Element dient der Abbildung von Dokumenten- und Dateirelationen. Das Element wird im Kopfbereich einer Seite deklariert und kann nicht nur für Layoutdateien verwendet werden, sondern verbindet auch inhaltlich zugehörige Dateien miteinander.

Das Einbinden von Layoutdateien (CSS – Cascading Style Sheets) erfolgt über das <link>-Element. Mit dem *media*-Attribut kann die Anwendung der Styles auf unterschiedliche Medien begrenzt werden.

```
<head>
    [...]
    <link rel="stylesheet" href="style.css"
                    media="all and (min-width:500px)" >
    [...]
</head>
```

Listing 4.3: Einbinden von Layoutdateien (CSS)

Hypertext Markup Language

Listing 4.3 wird jetzt bei einigen Entwicklern, die schon Jahre im Geschäft sind, ein wenig Verwirrung auslösen. Seit der Einführung von HTML5 entfällt die Angabe eines *type*-Attributs. Zudem ist das *media*-Attribut deutlich mächtiger geworden als das noch in den Vorgängerversionen der Fall war. Als Wert kann nunmehr nicht nur ein einzelner Medientyp angegeben werden, sondern eine umfangreiche Media Query. Dass eine Layoutdatei nun sowohl für den Bildschirm (*screen*) als auch für den Druck (*print*) gültig gemacht werden kann, ist nur ein einfaches Beispiel. Detaillierte Informationen zu Media Queries finden sich auf *www.w3.org/TR/css3-mediaqueries/* und werden auch nochmal im Kapitel *Mobilgeräte* aufgegriffen.

Medientyp	Beschreibung
all	Gültig für alle interpretierenden Endgeräte
aural	Sprachausgaben
braille	Braille-Zeile
handheld	Handheld-Geräte (Kleinstcomputer, wenig Bandbreite)
projection	Projektoren und Beamer
print	Druckvorschau und ausgedruckte Dokumente

Tabelle 4.2: Mögliche Medientypen für Layoutsteuerung

Über das <*link*>-Element können auch inhaltliche Dokumentenrelationen gesetzt und so einzelne HTML-Dokumente miteinander verknüpft werden. Mit dem *rel*-Attribut werden die jeweiligen Relationen einer Seite zu anderen Dokumenten abgebildet. Listing 4.4 zeigt an einem praktischen Beispiel, wie eine Hierarchie zwischen einzelnen Webseiten abgebildet wird.

Barrierefreiheit

4 – HTML und CSS

```
<head>
  [...]
  <link rel="start" href="index.html" title="Startseite" />

  <link rel="up" href="barrierefreiheit.html"
        title="Übergeordnetes Kapitel: Barrierefreiheit" >

  <link rel="prev" href="fakten.html"
        title="Vorheriges Kapitel: Fakten" >

  <link rel="next" href="didaktik.html"
        title="Nächstes Kapitel: Didaktische Maßnahmen" >

  <link rel="contents" href="sitemap.html"
        title="Inhaltsverzeichnis" >

  <link rel="index" href="glossar.html"
        title="Stichwortverzeichnis" >

  <link rel="chapter" href="technik.html"
        title="Aktuell: Technische Maßnahmen" >
  [...]
</head>
```

Listing 4.4: Dokumentenrelationen

Für viele optische Browser steht ein Add-on zur Verfügung, um Dokumentenrelationen sichtbar und verwendbar zu machen. Aber selbst ohne ein solches Plug-in ist der Aufwand, der durch die Implementierung der Relationen entsteht, keinesfalls umsonst. Gerade der Screen Reader oder auch eine Suchmaschine arbeiten aktiv mit derartigen Seitenverknüpfungen. Blinden Anwendern wird die Navigation durch eine Webanwendung so deutlich vereinfacht und ein weiterer Schritt in Richtung Barrierefreiheit ist getan.

Hypertext Markup Language

4.3.4 Frames

Frames sind zum Segmentieren des Browserfensters gedacht und wie Seitenbereiche zu verstehen. Mehrere Frames werden unter einem Frameset zusammengefasst. In jedem Frame wird eine eigenständige HTML-Seite geladen und somit die Navigation vom eigentlichen Inhalt gekapselt. Diese Art und Weise, eine Webseite zu strukturieren, ist nicht im Sinne der Barrierefreiheit. Hier ist gänzlich auf Frames zu verzichten. Frames erschweren es dem Screen-Reader-Benutzer, eine Seite als Ganzes zu erfassen, da sie technisch aus mehreren Dateien besteht, die nacheinander vorgelesen werden. Textbrowser können Frames erst gar nicht darstellen. Auch das Erstellen eines Lesezeichens kann sich bei einer mit Frames strukturierten Seite als problematisch erweisen.

Manchmal lässt es sich nicht verhindern, ein Frameset in einer Webanwendung zum Einsatz kommen zu lassen. In diesem Fall ist darauf zu achten, dass ein <noframes>-Bereich unterhalb eines Framesets implementiert wird, um wenigstens ein wenig die Barrierefreiheit zu wahren. Listing 4.5 zeigt eine beispielhafte barrierearme Implementierung eines Framesets.

```
<!DOCTYPE HTML>
<html>
<head>
  <title>Barrierearmes Frameset</title>
</head>

<body>
  <frameset cols="100,*">
    <frame name="Navigation"
      title="Zur Navigation" src="menu.html" />

    <frame name="Inhalt"
           title="Zum aktuellen Inhalt" src="inhalt.html" />

    <noframes>
      <body>
        <ul>
          <li><a href="menu.html">
```

```
      zur Navigation
    </a></li>
    <li><a href="inhalt.html">
      Zum aktuellen Inhalt
    </a></li>
    <li><a href="sitemap.html">
      Zum Inhaltsverzeichnis
    </a></li>
  </ul>
 </body>
 </noframes>
</frameset>
</body>
</html>
```

Listing 4.5: Barrierearmes Frameset

Wie ein barrierefreies Layout ohne Frames gestaltet und implementiert werden kann, wird im Kapitel *Layout und Struktur* veranschaulicht.

4.3.5 Überschriften

Überschriften sind ein wichtiges Inhaltselement auf einer Webseite und das beste Hilfsmittel, um Inhalte zu strukturieren. HTML stellt uns für die Kennzeichnung von Überschriften die Tags <h1> bis <h6> zur Verfügung.

Blinde Surfer scannen eine Webseite mit einem Screen Reader und nutzen die Überschriften, um sich einen Überblick über die Seite zu verschaffen. Zudem werden die Überschriften in diesem Fall als Sprungmarken genutzt. Das, was der sehende Nutzer selbstverständlich mit den Augen macht, realisiert der blinde Anwender mit Tastenkombinationen des Screen Readers.

Aus dieser Sichtweise ergeben sich aber einige Probleme: Entweder es gibt gar keine Überschriften oder es fehlt eine durchgängige Logik, und nicht alle strukturell wichtigen Bereiche sind damit erfasst.

Hypertext Markup Language

Die Einführung von HTML5 hat es deutlich vereinfacht, Überschriften richtig einzusetzen und das kontrovers diskutierte Regelwerk der Barrierefreiheitsgurus an Bedeutung verlieren zu lassen.

Als Faustregel ist festzuhalten, dass eine Überschrift der ersten Ordnung (<h1>) nur einmal auf einer Webseite platziert wird und den allgemeinen Namen und den Zweck der Anwendung beschreibt. Überschriften der zweiten Ordnung (<h2>) markieren die einzelnen Inhaltsbereiche der Seite wie beispielsweise Navigation, Inhaltsbereich sowie Kopf- oder Fußzeile. Erst die Überschriften der dritten Ordnung (<h3>) werden für die Strukturierung der Informationen im Inhaltsbereich verwendet. Listing 4.6 zeigt diese Regelung an einem Beispiel.

```
<!DOCTYPE HTML>
<html>
<head>
  <title>Barrierefreiheit: Web für alle</title>
</head>

<body>
  <header>
    <h1>Informationen zur Barrierefreiheit</h1>
  </header>

  <aside>
    <h2>Hauptnavigation</h2>

    <nav>
      <ul>
        <li><a href="#">Startseite</a></li>
        <li><a href="#">Tipps &amp; Tricks</a></li>
        <li><a href="#">Normen</a></li>
      </ul>
    </nav>
  </aside>

  <section>
    <h2>Seiteninhalt</h2>
```

4 – HTML und CSS

```
<article>
  <h3>Informationen und Konventionen</h3>
  <p>Mengentext</p>
  <h4>Barrierefreie-Informationstechnik-Verordnung</h4>
  <p>Mengentext</p>
  <h3>Anwendungsbereiche</h3>
  <p>Mengentext</p>
</article>
</section>

<footer id="footer">
  (c) 2013 by Timm Bremus
</footer>
</body>
</html>
```

Listing 4.6: Überschriften in HTML

Häufig werden die Überschriften der ersten und zweiten Ebene optisch nicht dargestellt, da sie nur zur Strukturierung der Seite und zur Orientierung für blinde Anwender eine Rolle spielen. Hier bietet CSS einige Möglichkeiten, um HTML-Elemente vom Bildschirm verschwinden zu lassen. Wie man Elemente optisch ausblendet, ohne dabei die Barrierefreiheit zu gefährden, wird im Abschnitt *Inhalte verbergen* im Kapitel *Layout und Struktur* beschrieben.

4.3.6 Hyperlinks

Hyperlinks bergen auch ein großes Fehlerpotenzial im Hinblick auf Barrierefreiheit. Die wichtigste Regel lautet: Eine Weiterleitung zu einer anderen Seite der Anwendung wird grundsätzlich über den *<a>*-Tag realisiert. Zwar ist jedes HTML-Element mit einem *onclick*-Attribut ausgestattet, das es theoretisch erlaubt, auch mittels JavaScript auf eine Seite zu verweisen,

Hypertext Markup Language

dies sollte aber möglichst vermieden werden. Der Grund dafür sind Browser, die entweder kein JavaScript unterstützen, oder aber Anwender und Unternehmen, die die Verwendung von JavaScript verbieten und sie daher deaktiviert haben. In diesem Fall wäre eine Webanwendung nicht mehr zu benutzen und die Benutzer wären aufgrund einer Barriere ausgeschlossen.

```
<!-- FALSCH -->
<a href="artikel01.html">Weiter</a>

<span onclick="window.location.href='artikel01.html'">
    Mehr Informationen
</span>


<!-- RICHTIG -->
<a href="normen_gesetze.html">Normen und Gesetze</a>
```

Listing 4.7: Der richtige Einsatz von Hyperlinks

Links sind immer mit sinnvollen Namen zu versehen. Das sorgt für ein einheitliches Verständnis, was den Benutzer beim Klick auf den Link erwartet. Bezeichnungen wie *mehr* oder *weiter* sind völlig irreführend und wenig dienlich für Screen-Reader-Benutzer. Diese bekommen einen Link angekündigt, der sie nach *mehr* bringt. Dass der Anwender hier nicht ans Wasser geleitet wird, darauf wird er sicherlich noch kommen, was ihn aber sonst beim Klick auf den Link erwartet, das kann er maximal erahnen.

Es wird empfohlen, alle Links in einer Webanwendung durch Unterstreichung zu markieren. Somit sind Links optisch immer leicht zu identifizieren. Im Umkehrschluss heißt das natürlich, dass ansonsten keine Textelemente unterstrichen werden. Moderne Webanwendungen rücken immer mehr von dieser bewährten, wenn auch nicht standardisierten Darstellungsweise ab. Das hat zur Folge, dass ein Benutzer bei jedem Zugriff auf eine Webanwendung erst einen Link als solchen identifizieren muss. Das stellt für Benutzer eine große Barriere dar und erzeugt einen höheren Aufwand für den Anwender, sich in einer Software zurechtzufinden.

Barrierefreiheit

4 – HTML und CSS

MEINUNG: Links sollten immer unterstrichen dargestellt werden, damit ein Anwender sie leichter als solche identifizieren kann. Unterstreichungen sollten ansonsten keinen weiteren Einsatz in einer Websoftware finden.

Zum Schluss möchte ich noch einmal auf die korrekte Bezeichnung eines Links eingehen. Ein beliebter Fehler ist es, offensichtliche Links nicht als Ganzes zu deklarieren. Abbildung 4.2 verdeutlicht das Anhand eines Beispiels. Korrekt ist es, hier den gesamten Text als Hyperlink zu deklarieren, weil nur dann der Zusammenhang klar wird und gerade der Nutzer eines Screen Readers versteht, was ihn nach dem Klick auf den Link erwartet.

Abbildung 4.2: Korrekte Deklaration von Hyperlinks

4.3.7 accesskey und tabindex

Bedenken Sie beim Entwickeln einer Webanwendung, dass nicht jeder Benutzer seinen Computer mit einer Maus steuert. Gerade blinde Menschen arbeiten ausschließlich mit der Tastatur, da der Einsatz einer Maus mangels Sehvermögen nicht sinnvoll ist. Es gilt also, Alternativen zu schaffen, um mit der Tastatur ebenso komfortabel wie mit der Maus navigieren zu können. Hierzu gibt HTML5 schon die richtigen Werkzeuge mit auf den Weg.

Hypertext Markup Language

tabindex

Der einfachste Weg, einen Hyperlink mit der Tastatur auszuwählen, ist die Tabulatortaste. Drückt man sie, wird der nächste Hyperlink der Webseite ab der aktuellen Position des Cursors angesprungen. Hierbei gilt, dass der nächste Hyperlink derjenige ist, der im Quellcode, also im HTML Markup, als Nächstes folgt, und nicht der nächste optisch folgende Hyperlink. Das kann oftmals zur Verwirrung führen, weil die Reihenfolge der Tabulatorsprünge optisch nicht ganz logisch ist.

Dieses Problem lässt sich mit einer manuell definierten Tabulatorreihenfolge lösen. Hierfür stellt HTML5 das *tabindex*-Attribut zur Verfügung. Diesem Attribut kann eine Zahl als Wert zugewiesen werden, die die Reihenfolge der fokussierten Elemente beim Drücken der Tabulatortaste bestimmt (Listing 4.8).

```
<a href="index.html" tabindex="1">Startseite</a>

<a href="impressum.html" tabindex="3">Impressum</a>

<a href="produkte.html" tabindex="2">Produkte</a>
```

Listing 4.8: Einsatz des „tabindex"-Attributs

Das Ergebnis wird mit Abbildung 4.3 nochmals verdeutlicht. Ohne das *tabindex*-Attribut würden die Links jeweils in der optischen Reihenfolge fokussiert. Das *tabindex*-Attribut wird von allen marktgängigen Browsern unterstützt.

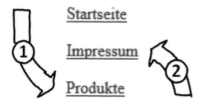

Abbildung 4.3: Modifizierte Tabulatorreihenfolge mit dem „tabindex"-Attribut

4 – HTML und CSS

HINWEIS: Seit HTML5 kann das *tabindex*-Attribut auf alle Elemente anwendet werden. Bis zur Version 4.01 der HTML war das nur gültig bei den Elementen *<a>*, *<area>*, *<button>*, *<input>*, *<object>*, *<select>* und *<textarea>*.

Der Einsatz einer Tabulator Reihenfolge ist aus Sicht der Barrierefreiheit unbedingt zu empfehlen, wenn die Reihenfolge von Sprungpunkten optisch von der im Quellcode definierten Reihenfolge abweicht. Entscheidend ist, dass optisch anklickbare Elemente in einer sinnvollen und aufeinanderfolgenden Abfolge angesprungen werden.

An dieser Stelle sei auch noch einmal ausdrücklich erwähnt, dass Elemente mit einem JavaScript Event Handler, die lediglich mit der Maus auswählbar sind, keinesfalls barrierefrei und daher unbedingt zu vermeiden sind. Diese Elemente würden auch nicht durch die Tabulatortaste erfasst.

accesskey

Einen Schritt weiter als das *tabindex*-Attribut geht man mit dem *accesskey*. Hiermit lässt sich einem HTML-Element eine Zugriffstaste zuweisen, mit der es dann später über die Tastatur angesteuert werden kann (Listing 4.9).

```
<a href="index.html" accesskey="s">Startseite</a>

<a href="impressum.html" accesskey="i">Impressum</a>

<a href="produkte.html" accesskey="p">Produkte</a>
```

Listing 4.9: Definition einer Zugriffstaste mit dem „accesskey"-Attribut

Die meisten Browser erlauben eine Ansteuerung einer Zugriffstaste über die Tastenkombination ALT + SHIFT + *Zugriffstaste*. Im Fall des in Listing 4.9 gezeigten Beispiels würde beim Drücken der entsprechenden Zugriffstaste der Hyperlink sofort ausgeführt und die damit verlinkte Seite sofort aufgerufen.

Hypertext Markup Language

Jetzt fragen Sie sich sicher, was passiert, wenn ein Buchstabe für den Zugriff zweimal vergeben wird. Die gute Nachricht zuerst: Ihre Webseite bleibt zunächst valide. Werden mehrere Element mit der gleichen Zugriffstaste belegt, so wird beim Drücken der entsprechenden Tastenkombination der Hyperlink nicht mehr sofort ausgeführt, sondern nur noch fokussiert und im Fall einer Screen-Reader-Verwendung vorgelesen. Drückt man die Zugriffstaste erneut, springt der Cursor weiter zum nächsten Element, das den gleichen Wert im *accesskey*-Attribut zugewiesen bekommen hat.

Bleibt die Frage, wie sich andere Objekte verhalten, die eine Zugriffstaste zugewiesen bekommen. Sinnvoll wäre dies beispielsweise noch bei Formularelementen, die mittels einer Zugriffstaste sofort angesteuert werden können. Bei Eingabefeldern gilt, dass sie lediglich fokussiert werden und bereit für die Dateneingabe sind. Schaltflächen hingegen weisen das gleiche Verhalten wie Hyperlinks auf und werden im Falle einer eindeutigen Belegung sofort ausgeführt.

Im Hinblick auf die Barrierefreiheit einer Anwendung ist es zu empfehlen, Zugriffstasten dosiert und sinnvoll einzusetzen. Die Navigation einer Webanwendung sowie alle aktionsauslösenden Hyperlinks und Schaltflächen sind mit einer Zugriffstaste auszustatten. Vergessen Sie später bei der Übergabe der Anwendung an den Kunden nicht, die vergebenen Zugriffstasten zu erwähnen und sie vor allem im Benutzerhandbuch zu verankern.

HINWEIS: Seit HTML5 kann das *accesskey*-Attribut auf alle Elemente anwendet werden. Bis zur Version 4.01 von HTML war das nur gültig bei den Elementen *<a>*, *<area>*, *<button>*, *<input>*, *<label>*, *<legend>* und *<textarea>*.

4.3.8 Sprungmarken

Während Hyperlinks als Weiterleitung zwischen einzelnen Webseiten einer Anwendung fungieren, dienen Sprungmarken der Navigation zu definierten Inhaltsbereichen auf einer einzigen Seite. Sprungmarken können viel-

4 – HTML und CSS

seitig eingesetzt werden und unterstützen den Benutzer gerade auf großen Seiten bei der Navigation und dem Auffinden des gesuchten Inhalts.

Die Funktionsweise einer Sprungmarke ist denkbar einfach. Wird eine Sprungmarke angesteuert, springt der Cursor an die Stelle, an der die Sprungmarke definiert wurde. Gerade für Benutzer eines Screen Readers ist das ein großer Vorteil, denn der Anwender muss sich nicht mühsam bis an die von ihm gesuchten Informationen vorarbeiten, sondern kann gezielt eine Stelle auf der Seite anspringen. Auch für sehende Menschen ist diese Technik eine große Hilfe, da man sich das lästige Durchscrollen von Informationen auf einer großen Seite ersparen und direkt zur gewünschten Information springen kann.

Sprungmarken werden in HTML wie normale Hyperlinks deklariert, allerdings werden sie nur mit einer ID versehen und nicht mit dem *href*-Attribut. Der Text bzw. die Linkbezeichnung innerhalb des Tags entfällt ebenfalls. Auf die Sprungmarke verwiesen wird dann mit einem gewöhnlichen Hyperlink mit einem signifikanten Unterschied: Statt einer Webseite, auf die verlinkt werden soll, wird der Name der Sprungmarke mit einer vorangestellten Raute (#) angegeben.

```
<!-- Sprungmarke -->
<a id="sprungmarke"></a>

<!-- Sprunglink -->
<a href="#sprungmarke">Springe</a>
```

Listing 4.10: Implementierung von Sprungmarken

Auf die Technik der Sprungmarken greifen wir nachher noch einmal im Kapitel *Layout und Struktur* zurück, wenn es darum geht, ein verstecktes Navigationsmenü für blinde Anwender zu konstruieren.

4.3.9 Bilder

Bilder sind ein beliebtes Layout- und Inhaltselement in Webanwendungen. Genau da sind wir aber schon bei einer sehr wichtigen Unterscheidung.

Hypertext Markup Language

Bilder, die als Layoutelement verwendet werden, müssen anders implementiert werden als Illustrationen, die im Mengentext ihren Einsatz finden.

Bilder werden in HTML mit dem *<img>*-Tag auf einer Webseite platziert. Ich erwähne das deshalb, weil es auch mit CSS die Möglichkeit gibt, Bilder auf einer Seite zu inkludieren.

Grundsätzlich gilt: Wird ein Bild mit dem *<img>*-Tag auf einer Seite eingebunden, ist immer das *alt*-Attribut mit einer sinnvollen Bildbezeichnung zu füllen. Blinde Anwender und somit Nutzer eines Screen Readers werden nicht nur informiert, dass sich an der aktuellen Cursorposition ein Bild befindet, sondern auch, welchen Inhalt die Illustration hat bzw. was darauf zu sehen ist. Fehlt das *alt*-Attribut, wird der Anwender lediglich über ein vorhandenes Bild in Kenntnis gesetzt, doch was darauf zu sehen ist, ist bestenfalls zu erahnen.

An dieser Stelle komme ich noch einmal auf den Unterschied zwischen einer Layout- und einer Inhaltsgrafik zu sprechen. Während bei einer Inhaltsgrafik das *alt*-Attribut ausnahmslos gefüllt werden muss, ist bei einer Layoutgrafik zwar das *alt*-Attribut zu implementieren, da es sich hier aber um ein reines Gestaltungselement ohne Inhaltsrelevanz handelt, wird der Inhalt des Attributs leer gelassen. Der Unterschied liegt hierbei in der Interpretationslogik eines Screen Readers, der nun nicht lediglich ein Bild ankündigt, sondern dem Nutzer auch mitteilt, dass es sich um ein für das Inhaltsverständnis nicht notwendiges Layoutelement handelt.

```
<img src="images/company.png" alt="Logo of the Bremus
          Solutions Company" title="Bremus Solutions" />
```
Listing 4.11: Bilder in HTML

Für Verwirrung und Diskussion sorgt häufig der Unterschied zwischen dem *title*- und dem *alt*-Attribut, dessen Verwendungszwecke nicht immer klar sind. Das *alt*-Attribut beinhaltet eine Inhaltsbeschreibung des eingebundenen Bildes und wird, wie bereits erwähnt, von einem Screen Reader vorgelesen. Das *title*-Attribut enthält ergänzende Informationen

4 – HTML und CSS

zu einer Illustration und wird vom Browser beim Darüberfahren als Tooltip dargestellt.

Vielen Entwicklern ist nicht bewusst, dass Text, der in einer Grafik enthalten ist, auch nur von gut sehenden Anwendern wahrgenommen und verarbeitet werden kann. Screen Reader können den Text in einer Grafik nicht lesen. Auch Nutzer diverser Vergrößerungssoftware stoßen hier auf ein Problem, denn meist wird nur der in HTML implementierte Text vergrößert, nicht jedoch eine Grafik und somit auch nicht der darin enthaltene Text. Sollte die Software die Grafik dennoch vergrößern, wird der darin enthaltene Text unleserlich, da in einer Webanwendung häufig Grafiken in komprimierter Qualität verwendet werden, um die Ladezeiten einer Seite zu optimieren. Abbildung 4.4 vergleicht einen in HTML eingebetteten vergrößerten Text (links) mit einer gezoomten Grafik, in der Text enthalten ist (rechts) und stellt den Qualitätsunterschied dar.

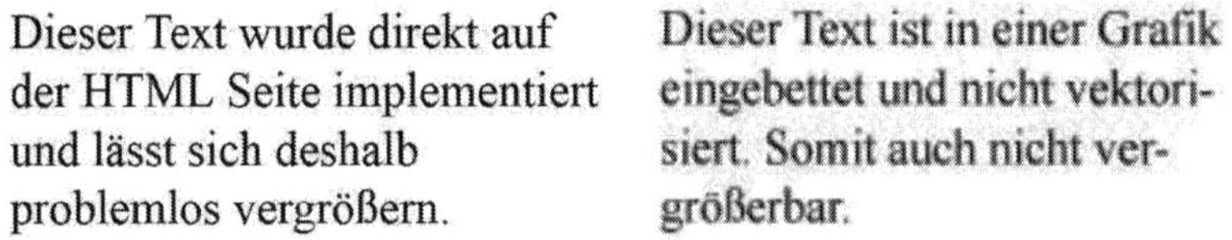

Dieser Text wurde direkt auf der HTML Seite implementiert und lässt sich deshalb problemlos vergrößern.

Dieser Text ist in einer Grafik eingebettet und nicht vektorisiert. Somit auch nicht vergrößerbar.

Abbildung 4.4: Vergleich von Textvergrößerungen

PROFITIPP: In Grafiken enthaltener Text wird auch nicht von einer Suchmaschine indiziert. Deshalb sollten wichtige Informationen immer direkt im HTML Markup positioniert und nicht in eine Grafik verpackt werden.

4.3.10 Listen

Dem Webentwickler werden in HTML drei verschiedene Listentypen zur Verfügung gestellt. Allseits bekannt sollten die sortierte Liste <ol>

Hypertext Markup Language

und die unsortierte Liste <ul> sein. Diese beiden Typen werden zur Strukturierung zusammengehöriger Daten eingesetzt. Während einem Aufzählungspunkt der sortierten Liste automatisch eine Nummer vorangestellt wird, ist es bei der unsortierten Liste ein Punkt. Gerade bei der unsortierten Liste wird gerne mittels CSS der Aufzählungspunkt durch eine Eigenkreation in Form einer Grafik ersetzt. Listing 4.12 zeigt die Implementierung einer unsortierten Liste und eine CSS-Modifizierung, die den Aufzählungspunkt eines jeden Eintrags modifiziert.

```
/* CSS Klasse für eine HTML Liste */
ul.custom {
    list-style: url(images/bullet.png) disc;
}

<!-- Unsortierte HTML Liste -->
<ul class="custom">
  <li>
    Aufzählungspunkt 1

    <ul>
      <li>Aufzählungspunkt 1.1</li>

      <li>Aufzählungspunkt 1.2</li>
    </ul>
  </li>

  <li> Aufzählungspunkt 2</li>

  <li> Aufzählungspunkt 3</li>
</ul>
```

Listing 4.12: Liste mit CSS-modifizierten Aufzählungszeichen

Beim genauen Analysieren von Listing 4.12 wird klar, dass in der CSS-Klasse nicht nur ein Aufzählungszeichen in Form einer Grafik angegeben wurde, sondern auch ein Standard-HTML-Symbol, falls die angegebene Grafik nicht gefunden werden kann. Also auch hier ist auf eine Alternative einer Bilddatei zu achten, ähnlich wie bei eingebundenen Bildern.

Barrierefreiheit

4 – HTML und CSS

```
<ol type="I">
  <li>
    Aufzählungspunkt 1
    <ol>
      <li> Aufzählungspunkt 1.1</li>
      <li> Aufzählungspunkt 1.2</li>
    </ol>
  </li>
  <li> Aufzählungspunkt 2</li>
  <li> Aufzählungspunkt 3</li>
</ol>
```

Listing 4.13: Implementierung einer sortierten Liste in HTML

Etwas in Vergessenheit geraten sind die Definitionslisten. Sie werden hauptsächlich für Glossar-, FAQ- oder Indexseiten verwendet. Definitionslisten eignen sich jedoch auch hervorragend für Übersichtsseiten mit Kombinationen von Artikelvorschaubild, Artikel-Teaser und Verweis auf den entsprechenden Artikel. Definitionslisten werden mit dem <dl>-Element angelegt. Das zu beschreibende Element (z. B. das Vorschaubild) wird im <dt>-Element platziert. Der Artikel-Teaser findet dann im Element <dd> Platz, das auch mehrfach verwendet werden kann (Listing 4.14). Die optische Ausgabe kann dann mit CSS angepasst werden.

```
<dl>
  <dt>img src="images/preview.png"
       alt="Dopingsünder Lance Armstrong" /></dt>

  <dd>Dopingsünder Lance Armstrong gesteht im
                    US-Fernsehen seinen Betrug</dd>
</dl>
```

Listing 4.14: Einsatz einer Definitionsliste

Hypertext Markup Language

Unsortierte Liste

- Listeneintrag 1
  - Listeneintrag 1.1
    - Listeneintrag 1.1.1
    - Listeneintrag 1.1.2
  - Listeneintrag 1.2
- Listeneintrag 2
- Listeneintrag 3

Definitionsliste

Kaffee
    Schwares Heißgetränk
Milch
    Weißes Kaltgetränk
Cola
    Schwarzes Kaltgetränk

Sortierte Liste

I. Listeneintrag 1
   1. Listeneintrag 1.1
   2. Listeneintrag 1.2
   3. Listeneintrag 1.3
II. Listeneintrag 2
III. Listeneintrag 3

Abbildung 4.5: In HTML zur Verfügung stehende Listentypen

4.3.11 Tabellen

Tabellen dienen der Kennzeichnung tabellarischer Daten. Für viele wohl ein Schock, wenn ich den Satz jetzt wie folgt fortführe: Und nicht für die Strukturierung und das Layout einer Seite. Tabellen als Layoutinstrument sind Gift für die Barrierefreiheit einer Webanwendung. Doch erst einmal der Reihe nach. Selbst wenn Tabellen bewusst für die Darstellung von Daten einsetzt werden, kann man bei der Implementierung einige Barrieren erzeugen. Zur Umsetzung einer barrierefreien Tabelle stehen Elemente und Attribute für Überschriften, Zusammenfassungen, Beziehungen und Beschreibungen zur Verfügung.

Eine Zusammenfassung der in der Tabelle enthaltenen Informationen und deren Aufbau packt man in das *summary*-Attribut, das direkt am <table>-Element notiert wird. Sinnvoll sind Angaben zur Spalten- und Zeilenzahl sowie zum grundlegenden Aufbau der Tabelle. Da die Zusammenfassung hauptsächlich von sehbehinderten Nutzern verwendet

4 – HTML und CSS

wird, sind hier Informationen zu platzieren, die bei einer optischen Augenscheinnahme offensichtlich sind. Eine Angabe, aus wie viel Spalten und Zeilen sich die Tabelle zusammensetzt und welche Informationen in den jeweiligen Zellen enthalten sind, ist hier sinnvoll. Es ist durchaus legitim, wenn der Text im *<summary>*-Attribut in Sachen Textlänge etwas über die Stränge schlägt.

Für jeden Benutzer hilfreich ist eine Überschrift, die den Inhalt der Tabelle kurz und präzise beschreibt. Die Überschrift wird mit dem *<caption>*-Element innerhalb des *<table>* Tags definiert.

Die einzelnen Tabellenzellen werden nach Daten- und Kopfzellen unterschieden. Datenzellen werden durch das Element *<td>* gekennzeichnet, Kopfzellen durch das *<th>*-Element. Es ist wichtig, jede Tabelle mit Zeilen- oder Spaltenüberschriften zu versehen, um die Verarbeitung der Daten für einen Screen-Reader-Benutzer zu vereinfachen. Bei langen Überschriften empfiehlt es sich, das *title*-Attribut zu vergeben und eine Abkürzung zu definieren. Ein Screen Reader liest dann nur einmal die lange Überschrift der Spalte vor und verwendet im Anschluss die im *title*-Attribut festgelegte Abkürzung.

Möchte man in Sachen Barrierefreiheit noch einen draufsetzen, kann man die einzelnen Datenzellen auch mit den dazugehörigen Kopf- bzw. Spaltenzeilen verknüpfen. Hierzu vergibt man an jede Spalten- bzw. Zeilenüberschrift eine eindeutige Bezeichnung mit dem Attribut *id* und verweist dann darauf von der Datenzelle aus mit dem *headers*-Attribut. Zusätzlich kann mit dem *scope*-Attribut angegeben werden, ob sich die Zeilen- bzw. Spaltenüberschrift auf eine Zeile oder eine Spalte bezieht. Das Ergebnis ist eine barrierefreie Tabelle, die für Screen-Reader-Benutzer ohne Probleme gut zu lesen und zu verstehen ist.

Zusätzlich kann eine Tabelle in die Bereiche Kopf- (*<thead>*), Daten- (*<tbody>*) und Fußzeilen (*<tfoot>*) untergliedert werden. Gängige Screen Reader unterstützen diese Art von Unterteilung einer Tabelle und geben dem Anwender eine weitere Möglichkeit an die Hand, sich durch eine Tabelle zu navigieren.

Hypertext Markup Language

```
<table summary="Vier Spalten und zwei Zeilen. Zeile 1 enthält
Überschriftenzellen (Behinderte Menschen unterteilt in
weiblich, männlich und gesamt). Spalte 1 ergänzt in jeder
Zeile eine weitere Überschriften-Ebene (verschiedene
Altersstufen), so dass eine Kreuztabelle entsteht.">
  <caption>
    Behinderte Menschen in Deutschland (Stand: 2007)
  </caption>

  <thead>
    <tr>
      <th></th>

      <th title="insgesamt" id="gesamt" scope="col">
        Behinderte insgesamt
      </th>

      <th title="männlich" id="mann" scope="col">
        Behinderte männlichen Geschlechts
      </th>

      <th title="weiblich" id="frau" scope="col">
        Behinderte weiblichen Geschlechts
      </th>
    </tr>
  </thead>

  <tbody>
    <tr>
      <th id="arbeiter" scope="row">25 bis 55 Jahre</th>

      <td headers="arbeiter gesamt">6.918.172</td>

      <td headers="arbeiter mann">766.616</td>

      <td headers="arbeiter frau">707.646</td>
    </tr>
  </tbody>
</table>
```

Listing 4.15: Barrierefreie Tabelle

Barrierefreiheit

4 – HTML und CSS

PROFITIPP: Eine barrierefrei gestaltete und implementierte Tabelle macht es einer Suchmaschine leicht, die Daten indizieren und bewerten zu können. Auf diese Weise können Sie das Ranking Ihrer Webanwendung in einer Suchmaschine signifikant steigern.

4.3.12 Formulare

Formulare sind ein wichtiger Bestandteil einer jeden Webanwendung. Sie ermöglichen es dem Benutzer, mit der Anwendung zu kommunizieren und Daten zur Verarbeitung an die Anwendungslogik zu übermitteln. Deshalb sollte man der Barrierefreiheit von Formularen besondere Aufmerksamkeit schenken.

Fälschlicherweise kommen zur Strukturierung und Anordnung von Formularelementen und deren Bezeichnungen immer wieder Tabellen zum Einsatz. Diese werden für die Darstellung eines Formulars zweckentfremdet und eignen sich lediglich zur Abbildung von strukturierten Daten.

Die Argumentation ist hier häufig, dass ein Formular prinzipiell auch eine Darstellung von strukturierten Daten ist und deshalb auch in einer Tabelle gerendert werden sollte. Dieses Argument geht allerdings in die falsche Richtung, denn ein Formular nimmt die Daten erst entgegen, die dann strukturiert in einer Tabelle dargestellt werden können. Das Formular an sich ist also keine Datendarstellung und deshalb mit anderen HTML-Elementen abzubilden als mit einer Tabelle. Wie genau das zu bewerkstelligen ist, zeigt dieses Kapitel im weiteren Verlauf.

Bevor wir uns an die eigentliche Implementierung eines Formulars begeben, hier noch ein paar Dinge, die es im Vorfeld zu beachten gilt:

- Textfelder können ein- oder mehrzeilig sein
- Die Länge eines Eingabefelds ist an der durchschnittlichen Textlänge auszurichten, die ein Benutzer eingibt
- Eingabefelder sind immer mit einem Label zu versehen
- Auswahl der geeignetsten Eingabemöglichkeit für eine Information
- Nur ein Eingabefeld pro Zeile

Hypertext Markup Language

Eingabefelder

Eingabefelder sind immer mit einer Beschriftung zu versehen. Hierfür stellt HTML das *<label>*-Element zur Verfügung. Das *for*-Attribut dieses Elements beschreibt, für welches Eingabefeld die Bezeichnung Gültigkeit hat. Das Attribut erhält als Wert die ID desjenigen Steuerelements, das es beschreibt. Klickt der Anwender mit der Maus auf die jeweilige Beschriftung, springt der Cursor automatisch in das dazugehörige Eingabefeld. Nutzer mit motorischen Schwierigkeiten haben hiervon einen großen Nutzen.

```
<form id="formular" action="sent.html" method="get">
  <fieldset>
    <legend>Benutzerdaten</legend>

    <div>
      <label for="forename">Vorname:</label>

      <input type="text" id="forename" />
    </div>

    <div>
      <label for="surname">Nachname:</label>

      <input type="text" id="surname" />
    </div>
  </fieldset>
</form>
```

Listing 4.16: Aufbau eines HTML-Formulars

Das Element *<fieldset>* definiert einen Bereich eines Formulars und hilft dabei, große Formulare besser zu gliedern und übersichtlicher zu gestalten. Hierbei werden die im Element enthaltenen Steuerelemente mit einem Rahmen umschlossen (Abb. 4.6). Die Bereichsüberschrift, die links oben in den Rahmen integriert wird, definiert man innerhalb des *<fieldset>*-Elements mit einem *<legend>*-Tag.

4 – HTML und CSS

```
┌─Benutzerdaten────────────────────┐
│ Vorname: [            ]          │
│ Nachname: [            ]         │
└──────────────────────────────────┘
```

Abbildung 4.6: Einfaches HTML-Formular

PROFITIPP: Um einen guten Barrierefreiheitsgrad zu erreichen, sollte jedes Formularelement in einer eigenen Zeile stehen. Dieses Ergebnis erzielt man am einfachsten mit einem *<div>*-Container, der das Formularelement umschließt.

Es empfiehlt sich, die Beschriftung eines Formularelements entweder links neben das eigentliche Feld oder direkt darüber zu platzieren. Das hilft insbesondere Nutzern mit Vergrößerungssoftware, die so selbst bei starker Vergrößerung der Bildschirmanzeige eine gute Übersicht und den Bezug zum jeweiligen Eingabefeld erhalten.

Felder, die zur korrekten Verarbeitung der Daten in jedem Fall ausgefüllt werden müssen, so genannte Pflichtfelder, sind entsprechend zu markieren. Eine bewährte Methode ist es, der Bezeichnung eines Eingabefelds ein Sternchen (*) anzufügen. Das ist im Sinne der Barrierefreiheit wenig geschickt, da ein Screen Reader beim Vorlesen der Feldbezeichnung den Stern mit vorlesen würde. Auch weniger affine Anwender, die noch nicht viel Erfahrung mit Webanwendungen haben, können vorerst mit einem Stern wenig anfangen. Deutlich eleganter ist es hier, das Feld auch tatsächlich als eingabepflichtig zu markieren (Listing 4.17).

```
<label for="forename">
  Vorname <span>(Pflichteingabe)</span>:
</label>

<input type="text" id="forename" />
```

Listing 4.17: Pflichtfelder in Formularen

Hypertext Markup Language

Es bleibt Ihnen überlassen, die optische Darstellung eines Pflichtfelds mit CSS anzupassen. Beispielsweise können Sie den Hinweis „Pflichteingabe" auch optisch verbergen und mittels CSS das Formularelement als eingabepflichtig markieren. Listing 4.18 gibt eine Anregung zur möglichen Umsetzung. Die Verwendung und die Implementierung der hier verwendeten CSS-Klasse *invisible* wird im Kapitel *Layout und Struktur* näher erläutert.

```
<!DOCTYPE HTML>
<html>
<head>
  <style type="text/css">
    .invisible {
      position: absolute;
      padding: 0;
      margin: 0;
      width: 1px;
      background: none transparent scroll repeat 0% 0%;
      height: 1px;
      font-size: 1px;
      line-height: 1px;
      overflow: hidden;
      left: -2000px;
    }

    .text {
      background: #ffffff url('arrow.gif')
                  no-repeat right top;
    }
  </style>
</head>

<body>
  <div>
    <label for="forename">
      Vorname<span class="invisible">(Pflicht)</span>:
    </label>

    <input type="text" class="text" id="forename" />
```

Barrierefreiheit 77

4 – HTML und CSS

```
    </div>
  </body>
</html>
```

Listing 4.18: HTML-Struktur eines barrierefreien Webformulars mit Pflichtfeldern

Möchte man die Usability eines Formulars noch verbessern, kann man mittels JavaScript die orangen Pfeile (Abb. 4.7), die eine Pflichteingabe signalisieren, ausblenden, sobald ein Wert in das jeweilige Feld eingetragen wurde.

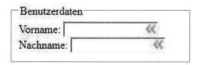

Abbildung 4.7: Barrierefreie Markierung von Pflichtfeldern

Schaltflächen

Schaltflächen sind zur Ansteuerung einer Interaktion mit der Anwendungslogik seitens des Benutzers gedacht. Das betone ich hier deshalb so deutlich, da häufig auch andere HTML-Elemente mittels JavaScript dahingehend verbogen werden, dass sie die gleiche Funktion wie eine Schaltfläche erhalten. Im Hinblick auf Barrierefreiheit sollte man grundsätzlich auf die in HTML zur Verfügung gestellten Standardschaltflächen (Tabelle 4.3) zurückgreifen. Sie lassen sich mittels CSS ebenso gut optisch anpassen wie andere HTML-Markup-Elemente. Gesondert erwähne ich an dieser Stelle den Hyperlink *<a>*, der ebenfalls gern mittels JavaScript als Schaltfläche missbraucht wird. Auch hier gilt: Funktionalitäten mit JavaScript umzusetzen, ist gegen die Richtlinien der Barrierefreiheit und sollte vermieden werden.

Hypertext Markup Language

Input Typ	Beschreibung
type="button"	Herkömmliche Schaltfläche, deren Funktion mit JavaScript implementiert werden muss
type="submit"	Standardschaltfläche zum Absenden eines Formulars
type="reset"	Standardschaltfläche zum Zurücksetzen aller Eingaben in einem Formular

Tabelle 4.3: Schaltflächentypen in HTML

Ein großer Vorteil der HTML-Schaltflächen ist es, dass sie betriebssystemabhängig dargestellt werden und der Anwender so das gleiche Look-and-Feel hat wie bei einer herkömmlichen Desktopanwendung. Lernt ein Benutzer Ihre Anwendung gerade neu kennen, muss er sich nur in die Anwendungslogik einarbeiten und sich nicht noch an vom Standard abweichende Optik gewöhnen.

Bei einer Schaltfläche gelten selbstverständlich in Bezug auf die Bezeichnung die gleichen Regeln wie bei einem Hyperlink. Es ist eine eindeutige Beschriftung zu wählen, die auf Anhieb verrät, welche Aktion nach dem Klick auf die Schaltfläche ausgelöst wird.

Validierungen

Ein Formular zu validieren, es also auf Fehleingaben zu überprüfen bevor die Daten an den Server übermittelt werden, ist ein wichtiger Punkt im Hinblick auf die Usability. Tappen Sie nun aber nicht in die Falle und validieren ein Formular ausschließlich mit JavaScript. Wir erinnern uns, dass JavaScript lediglich zur Unterstützung der Usability eingesetzt werden darf, jedoch keine wichtige Anwendungssteuerung übernehmen soll. Die Mischung macht den Cocktail an dieser Stelle perfekt. Es ist durchaus legitim, die Daten eines Benutzers bereits während der Eingabe zu validieren und im Fehlerfall eine Meldung via JavaScript auf dem Bildschirm auszugeben. Es sollte jedoch trotzdem möglich sein, die Daten des Formulars an den Server zu schicken und im Fehlerfall die

Barrierefreiheit

4 - HTML und CSS

jeweiligen Validierungshinweise nach dem Neuladen der Seite fest im HTML Markup zu verankern.

Eine Fehler- bzw. Validierungsmeldung ist eindeutig zu kennzeichnen, damit sie sofort als solche zu erkennen ist. Der Einsatz der Farbe Rot ist hier dringend zu empfehlen, da diese Farbe bei den meisten Anwendern mit einem Fehler assoziiert wird (Abb. 4.8).

Es gibt zwei Möglichkeiten, um dem Benutzer einen Eingabefehler anzuzeigen. Entweder man bietet eine Übersicht über alle aufgetretenen Fehler im Kopf des Formulars an oder man zeichnet das betroffene Feld direkt mit einer entsprechenden Meldung aus. Im Hinblick auf die Barrierefreiheit ist es sinnvoll, beide Varianten anzubieten. Anwender, die mit starker Vergrößerung der Bildschirmanzeige arbeiten, können sich so erst einen Überblick über die aufgetreten Fehler verschaffen und dann gezielt die Eingaben korrigieren. Dabei müssen sie nicht nach jeder Korrektur wieder zur Übersicht springen, sondern können die Felder nacheinander abarbeiten, da hier noch einmal die Fehlermeldungen direkt am Eingabefeld aufgeführt sind.

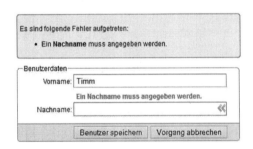

Abbildung 4.8: Barrierefreies Formular mit Validierungen

Bei großen Eingabeformularen ist es sinnvoll, diese in mehrere Schritte zu unterteilen, die nacheinander durchlaufen werden. Es ist natürlich dem Anwender zu verdeutlichen, dass es sich bei einem Formular um eine mehrstufige Eingabe handelt. Professionell ist es, wenn Sie den Anwender gleich nach dem Öffnen des Formulars darüber informieren, wie

Hypertext Markup Language

viele Schritte ihn nun erwarten und in welchem Schritt er welche Eingaben tätigen muss. Der letzte Schritt eines mehrstufigen Formulars sollte eine Übersicht über die Benutzereingaben enthalten, damit der Anwender noch einmal die Gelegenheit zur Korrektur bekommt, bevor er sie dann zur Verarbeitung an den Server schickt.

```
<style type="text/css">
  body {
    font-family: Arial;
    font-size: 12px;
  }

  .errors {
    min-width: 400px;
    padding: 5px;
    margin-bottom: 10px;
    border: solid red 1px;
    border-radius: 5px;
    background-color: yellow;
  }

  p.error {
    margin: 5px 0 0 108px;
    color: red;
    font-weight: bold;

  }

  input.text.error {
    border: solid red 1px;
  }

  .invisible {
    position: absolute;
    padding: 0;
    margin: 0;
    width: 1px;
    background: none transparent scroll;
    repeat 0% 0%;
    height: 1px;
    font-size: 1px;
    line-height: 1px;
```

4 – HTML und CSS

```css
  overflow: hidden;
  left: -2000px;
}

fieldset {
  min-width: 400px;
  padding: 0;
  margin: 0;
  border: solid #888888 1px;
  border-radius: 5px;
}

fieldset legend {
  margin: 0 10px;
}

input {
  margin: 3px 0;
}

.text {
  width: 274px;
  padding: 3px;
  background: #ffffff url('arrow.gif') no-repeat right 2px;
  border: solid #888888 1px;
}

label {
  display: inline-block;
  width: 100px;
  text-align: right;
}

.buttons {
  margin-top: 10px;
  padding-left: 102px;
  background-color: #e9e9e9;
  border-top: solid #888888 1px;
  border-bottom-right-radius: 5px;
  border-bottom-left-radius: 5px;
}
</style>
```

Hypertext Markup Language

```
<form id="formular" action="sent.html" method="get">
  <div class="errors">
    <p>Es sind folgende Fehler aufgetreten:</p>

    <ul>
      <li>
        Ein <strong>Nachname</strong> muss angegeben werden.
      </li>
    </ul>
  </div>

  <fieldset>
    <legend>Benutzerdaten</legend>

    <div class="field">
      <label for="forename">
        Vorname<span class="invisible">(Pflicht)</span>:
      </label>

      <input type="text" class="text" id="forename" />
    </div>

    <div class="field">
      <p class="error">Ein Nachname muss angegeben werden.</p>

      <label for="surname">
        Nachname<span class="invisible">(Pflicht)</span>:
      </label>

      <input type="text" class="text error" id="surname" />
    </div>

    <div class="buttons">
      <input type="submit" value="Benutzer speichern" />
      <input type="button" value="Vorgang abbrechen" />
    </div>
  </fieldset>
</form>
```

Listing 4.19: Mit CSS aufbereitetes, barrierefreies Formular

4 – HTML und CSS

4.4 Cascading Style Sheets

Im vorherigen Abschnitt haben wir uns damit beschäftigt, welche Möglichkeiten wir mit reinem HTML haben, um eine Webanwendung barrierefrei zu gestalten. Nun nehmen wir ein weiteres Hilfsmittel hinzu, die Cascading Style Sheets (CSS). Das ist das Standardwerkzeug, wenn es um die optische Anpassung von HTML geht. Die von HTML zur Verfügung gestellten Stylingmöglichkeiten kommen heute nicht mehr zum Einsatz. Das hält den eigentlichen HTML-Code schlank, macht ihn wartbarer, und man hat gleichzeitig das Design von der Anwendungsstruktur getrennt. Entwickelt man nach diesem Denkansatz seine Webanwendung, hat man in Sachen Barrierefreiheit schon einiges richtig gemacht. Unnötige Formatierungsanweisungen im HTML-Code machen es einem Browser, wie ihn gerade Menschen mit Sehbehinderung oder Blinde einsetzen, schwer, den Inhalt und die Informationen einer Seite sinnvoll wiederzugeben.

CSS stellt dem Entwickler darüber hinaus wichtige Instrumente zur Verfügung, um gerade das Layout einer Webseite barrierefrei zu gestalten und sich nicht mit unsauberen HTML-Krücken zu behelfen. Das Stichwort lautet hier Tableless Layout, das ich im Kapitel *Layout und Struktur* genauer erläutern werde.

4.4.1 Inline und Block

Bevor wir nun zum nächsten Kapitel wechseln und uns mit barrierefreiem Layoutdesign beschäftigen, gilt es, noch einen wichtigen Unterschied zwischen HTML-Containern anzusprechen. Ein häufiger Grund, warum Webentwickler ein Layout mit Tabellen umsetzen, liegt im mangelnden Verständnis über Block-Level- und Inline-Level-Elemente und wie man sie mittels CSS entsprechend positioniert.

In HTML gibt es zwei Typen von Elementen: Block-Level-Elemente und Inline-Level-Elemente. Jedes in HTML zur Verfügung gestellte Element fällt in eine dieser beiden Kategorien. Grundsätzlich kann man sich merken, dass Block-Elemente immer in einer neuen Zeile starten, Inline-Elemente hingegen werden in der aktuellen Zeile einfach hinten angestellt.

Cascading Style Sheets

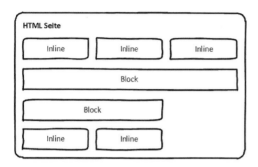

Abbildung 4.9: Verhalten von Block- und Inline-Elementen

In Abbildung 4.9 wird deutlich, dass Block-Elemente mit einem Zeilenumbruch davor und danach dargestellt werden. Inline-Elemente werden immer dort dargestellt, wo sie im Textfluss auftauchen. Die Definition des Dokumententyps (DTD) legt fest, welche Elemente Block-Level oder Inline-Level sind. Ohne den Einsatz von CSS ist es nicht möglich, diese Definition zu beeinflussen. Eine Frage, die sich immer wieder stellt: Wann setze ich einen Block- und wann einen Inline-Container ein? Diese Frage soll in den folgenden beiden Kapiteln beantwortet werden.

Block-Level-Elemente

Block-Level-Elemente enthalten meist andere Elemente und dienen als Container oder Rahmen. Es gibt Block-Elemente, die wiederum nur Elemente vom Typ *Block* beinhalten dürfen. Ein Formular (*<form>*-Element) ist ein gutes Beispiel dafür. In strikten Dokumententypen darf der *<body>* nur andere Block-Elemente enthalten. Somit ist auch festgelegt, dass Text nur in Absätze *<p>* oder andere Block-Elemente gepackt werden darf.

Wiederum gibt es Block-Level-Elemente, die nur Text- oder Inline-Level-Elemente enthalten dürfen. Ein gutes Beispiel ist der Absatz *<p>*.

Eine dritte Kombination sind Block-Level-Elemente, die andere Block-Elemente oder Inline-Elemente einschließen können. Hierbei spricht man von Containern wie zum Beispiel dem *<div>*-Element.

4 – HTML und CSS

Inline-Level-Elemente

Inline-Level-Elemente markieren in der Regel die semantische Bedeutung eines Inhaltsbestandteils. Der *<span>*-Container beispielsweise wird häufig dazu verwendet, um bestimmte Teile eines Texts anders darzustellen als den restlichen Absatz. Hierbei fungiert das *<span>*-Element als Container, allerdings ist er dann ein Inline-Level-Element und führt keinen Umbruch herbei.

Inline-Level-Elemente können normalerweise nur Text oder andere Inline-Elemente beinhalten.

Modifikation mit CSS

Mit CSS erhält der Webentwickler die Möglichkeit, den Typ eines Elements zu modifizieren und so z. B. aus einem Block-Level-Element ein Inline-Level-Element zu machen.

CSS stellt hierfür die Anweisung *display* bereit, womit der Typ bzw. die Anzeigeart eines HTML-Elements geändert werden können. Tabelle 4.4 zeigt die wichtigsten Werte auf, die der *display*-Befehl zur Verfügung stellt.

Option	Beschreibung
inline	Das Element wird als Inline-Level-Element dargestellt
block	Das Element wird als Block-Level-Element dargestellt
none	Das Element wird nicht angezeigt
inline-block	Das Element wird als Block-Element formatiert, sodass Breite, Höhe und Außenabstand angegeben werden können, das Element floatet aber wie ein Inline-Element
run-in	Das Element wird abhängig vom Inhalt als Block- oder Inline-Element angezeigt

Tabelle 4.4: Werte der CSS-Anweisung „display"

Cascading Style Sheets

Nehmen wir als Beispiel einen Hyperlink <*a*>. Dieser ist standardmäßig ein Inline-Level-Element wird somit in den Textfluss gesetzt. Haben wir also mehrere Links im HTML Markup hintereinander geschrieben, werden diese auch hintereinander auf dem Bildschirm dargestellt. Abbildung 4.10 stellt drei Hyperlinks dar, von denen einer mittels CSS als Block-Level-Element modifiziert wurde. Damit wird er nicht hinter den zweiten Link in den Fluss gesetzt, sondern in eine neue Zeile. Darüber hinaus nimmt er nun auch die komplette ihm zur Verfügung stehende Breite des Anzeigebereichs in Anspruch. Auf diese Weise lassen sich z. B. Navigationsmenüs realisieren, deren Menüpunkte nicht nur so breit wie die eigentlichen Bezeichnungen sind.

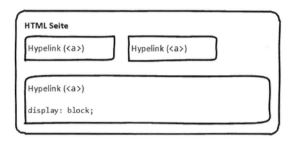

Abbildung 4.10: Ein Hyperlink als Block-Level-Element modifiziert

Die in diesem Kapitel erlernten Fertigkeiten im Umgang mit Block- und Inline-Level-Elementen und die Möglichkeit der Modifizierung mittels CSS können wir uns nun zunutze machen, um barrierefreie Layouts zu entwickeln. Wie genau das anzustellen ist, erläutert das folgende Kapitel.

5 Layout und Struktur

Das Layout und die Struktur einer Webanwendung sind das Erste, das von einem Anwender in Augenschein genommen wird. An dieser Stelle trifft der Anwender bereits eine erste Sympathieentscheidung für oder gegen Ihre Anwendung. Deshalb lässt man gerade der Struktur und dann dem Design einer Anwendung besonders viel Aufmerksamkeit in der Planungsphase zukommen. Häufig beschränken sich Designer und Entwickler aber auf den rein optischen Entwurf eines Webdesigns, ohne dabei genauer an Barrierefreiheit und die damit verbundenen Anforderungen an Layout und Struktur zu denken. Oftmals entstehen genau an dieser Stelle in dieser frühen Phase der Konzeption bereits die ersten Hürden und Barrieren einer Anwendung, die sich später kaum noch ohne erheblichen Aufwand beseitigen lassen. Sinnvoll ist es, bereits in der Phase der Konzeption die Barrierefreiheit als feste Größe mit zu berücksichtigen. Auf welche Dinge zu achten sind, um eine Webanwendung von Beginn an barrierefrei zu konzipieren, beschreiben die folgenden Kapitel.

5.1 Anwendungsstruktur

Nachdem Sie mit dem Kunden die Anforderungen an die neu zu entwickelnde Webanwendung spezifiziert und in einem Fachkonzept festgehalten haben, folgt die Phase der technischen Planung. Hierunter fällt auch die Konzeption einer Anwendungsstruktur. Wie also soll die Anwendung aufgebaut werden und wo sollen Module wie Navigation, Inhalt, Suche sowie Kopf- und Fußzeile platziert werden? Bereits an dieser Stelle gilt es, einige wichtige Punkte zu berücksichtigen, denn in dieser Phase können bereits Barrieren geschaffen werden, obwohl sie

5 - Layout und Struktur

noch nicht eine Zeile Code geschrieben haben. Beispielsweise kommt der Platzierung der Suche oder auch der Navigation eine wichtige Bedeutung zu. Ein Beispiel für die barrierefreie Struktur einer Webanwendung zeigt Abbildung 5.1. Hier fällt besonders auf, dass sowohl die Suche als auch die Navigation im Kopfbereich der Anwendung platziert wurden. Der Grund hierfür ist, dass Nutzer eines Screen Readers beim Öffnen einer Seite zuerst im Suchfeld und beim Weiterlesen in der Navigation der Anwendung landet. Wichtig hierbei ist eigentlich nicht die optische Platzierung dieser Module, sondern die Stelle, an der die Suche und die Navigation im Markup verankert sind, denn nur daran orientiert sich der Screen Reader. Es wäre durchaus möglich, die Suche bzw. die Navigation zwar direkt unterhalb des *<body>*-Elements zu implementieren, die Module dann per CSS optisch jedoch an eine völlig andere Stelle als an den Seitenanfang zu platzieren.

MEINUNG: Meine persönliche Empfehlung ist es, die Suche und die Navigation optisch im Kopfbereich der Seite zu belassen, denn da werden sie vom Anwender eines visuellen Browsers erfahrungsgemäß am ehesten erwartet.

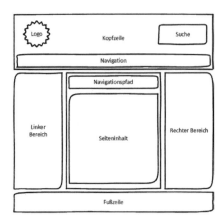

Abbildung 5.1: Struktur einer barrierefreien Webanwendung

5.2 Tableless Layout

Im vorherigen Kapitel haben wir eine Struktur und ein Layout für unsere Webanwendung festgelegt, nun geht es an die Umsetzung unseres Konzepts.

Ein Layout zu entwickeln ohne Zuhilfenahme von Tabellen ist leichter, als es auf den ersten Blick den Anschein hat. Die Voraussetzungen hierfür sind ein grundlegendes CSS-Verständnis und vor allem der Wille, sich von alter Gewohnheit zu lösen und empfänglich für etwas Neues zu sein.

Abbildung 5.1 zeigt eine Layoutaufteilung, wie sie häufig in einer Webanwendung gewählt wird. Einige Webentwickler erkennen hier direkt ein Tabellenmuster: Eine Tabelle mit drei Spalten und vier Zeilen. Die ersten beiden Zeilen und die letzte Zeile einfach über drei Spalten strecken, und fertig ist das Layout. Das ist auch korrekt, barrierefrei ist das aber keineswegs. Developer mit Weitblick sehen in dieser Abbildung sechs Container, die mittels CSS in einen Fluss gesetzt wurden. Ergebnis: Barrierefreies Webseitenlayout. In HTML5 gibt es eigene Elemente für die jeweiligen Bereiche einer Webseite (Tabelle 5.1).

Element	Beschreibung
\<header\>	Definiert den Kopfbereich einer Seite oder einer Sektion
\<nav\>	Bereich für eine Navigation
\<aside\>	Definiert einen Bereich neben dem eigentlichen Seiteninhalt
\<section\>	Definiert eine Sektion in einer Webseite
\<article\>	Definiert einen Artikel
\<footer\>	Definiert den Fußbereich einer Seite oder einer Sektion

Tabelle 5.1: Mögliche Layoutbereiche einer HTML5-Webanwendung

Gießen wir das Layout nun in HTML, sollte ein Ergebnis ähnlich wie in Listing 5.1 entstehen. Abbildung 5.2 stellt dar, welche HTML-Elemente für welchen Bereich der Webanwendung verwendet werden.

5 – Layout und Struktur

```html
<!DOCTYPE HTML>
<html>
  <head>
    <title>Barrierefreiheit: Web für alle</title>
  </head>

  <body>
    <header id="header">
      <div id="logo">
        Logo
      </div>

      <div id="search">
        Suche
      </div>

      <nav id="navigation">
        Navigation
      </nav>
    </header>

    <aside id="left">
      Links
    </aside>

    <aside id="right">
      Rechts
    </aside>

    <section id="main">
      <nav id="breadcrumb">
        Navigationspfad
      </nav>

      <article id="content">
        Inhalt
      </article>
    </section>

    <footer id="footer">
      Fußzeile
    </footer>
  </body>
</html>
```

Listing 5.1: HTML-Struktur einer barrierefreien Webanwendung

Tableless Layout

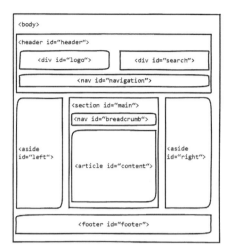

Abbildung 5.2: Transfer des Designkonzepts in HTML-Container

Kommen wir nun zum eigentlich spannenden Teil der Umsetzung, der Implementierung des CSS. Im Detail geht es nun darum, die Container so anzuordnen, dass sie unserem Entwurf aus der Konzeptionsphase entsprechen. Sie werden überrascht sein, wie wenig CSS-Code hierfür nötig ist (Listing 5.2).

```
<style type="text/css">
    #logo { float: left; width: 200px; }
    #search { float: right; width: 200px; }
    #navigation { clear: both; }
    #left { float: left; width: 200px; }
    #right { float: right; width: 200px; }
    #main { margin: 0 200px; }
</style>
```

Listing 5.2: Ausrichtung der HTML-Container mittels CSS

5 – Layout und Struktur

Der Schlüssel zum Erfolg und der wohl wichtigste Befehl ist hier *float*. Damit werden Container mittels CSS in einen Fluss gesetzt. Genau das Richtige also, um unsere Block-Level-Container nebeneinander platzieren zu können. Näher eingehen möchte ich an dieser Stelle auf die Umsetzung des eigentlichen Inhaltsbereichs, der aus einer linken und rechten Spalte sowie einem zentralen Bereich für den Inhalt besteht. Die linke und die rechte Spalte werden mittels *float* in den linken bzw. in den rechten Fluss gesetzt und somit an den Rändern des Anzeigebereichs positioniert. Zum Schluss setzen wir noch ein *margin* von *200px* auf den linken und rechten Rand des Inhaltscontainers *<section>*, damit er sich nicht mit den beiden äußeren *<aside>*-Containern überlagert. Fertig ist unser barrierefreies Layout, ohne dass wir eine einzige Tabelle verwendet haben. War doch gar nicht so schwer, oder? Abbildung 5.3 liefert den Beweis, dass mit ein bisschen CSS und einfachen HTML-Containern eine Struktur für eine Webanwendung zu realisieren ist.

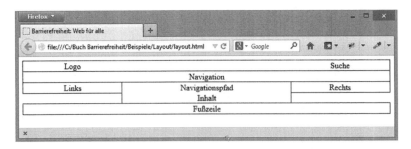

Abbildung 5.3: Layout auf Basis von Block-Level-Containern

An dieser Stelle, an der Sie nun gesehen und verstanden haben, wie leicht es ist, mit einigen wenigen Handgriffen eine barrierefreie Webanwendung zu strukturieren, kann ich Ihnen ja verraten, dass Sie sich noch etwas Arbeit sparen können – mit einem CSS-Framework. Es existiert im Netz bereits eine Vielzahl von kostenlosen und frei verwendbaren CSS-Frameworks. YAML und Blueprint sind hier wohl die bekanntesten und kommen bereits in vielen großen und bekannten Internetangeboten zum Einsatz. Der wohl größte Vorteil neben der Zeitersparnis, den Sie vom

Tableless Layout

Einsatz eines CSS-Frameworks haben, ist es, dass diese Hilfsmittel für alle marktführenden Browser optimiert und getestet sind. Will heißen, dass eine Webanwendung in allen wichtigen Browsern gleich dargestellt und gerendert wird und Sie sich an dieser Stelle eine Cross-Browser-Optimierung sparen können.

5.2.1 YAML CSS Framework

Ich möchte an dieser Stelle das YAML CSS Framework vorstellen, das unter Berücksichtigung der Creative Commons Attribution 2.0 License (CC-BY 2.0) verwendet werden darf. Zusammengefasst bedeutet das, dass Sie das Framework sowohl in privaten als auch in kommerziellen Anwendungen frei verwenden können, Anpassungen und Erweiterungen des Frameworks allerdings ebenfalls unter dem gleichen Lizenzmodell kostenfrei veröffentlichen müssen.

Möchten Sie also ein Layout mit dem YAML CSS Framework realisieren, laden Sie sich die Sourcen von der Webseite (*www.yaml.de*) des Betreibers herunter und binden sie in Ihre Webanwendung ein. Listing 5.3 zeigt die grundlegende HTML-Struktur einer Webanwendung, die mit YAML umgesetzt werden soll. YAML besteht aus einer Vielzahl von Style-Sheet-Dateien, die bei Bedarf eingebunden werden können. In jedem Fall erforderlich sind allerdings die *core.min.css* und die *iehacks.min.css*, die sämtliche Kernklassen zur Verfügung stellen. Es empfiehlt sich, an dieser Stelle die minimierten Versionen der Style-Sheet-Dateien einzubinden, da sie vom Datenvolumen kleiner sind und weniger Ladezeit in Anspruch nehmen. Auch das ist ein wichtiger Punkt für die Barrierefreiheit einer Websoftware: Ladezeiten so gering und kurz wie möglich zu halten, um die Anwendung auch auf einem Smartphone effizient laden und ausführen zu können.

```
<!DOCTYPE HTML>
<html>
  <head>
    <title>Barrierefreiheit: Web für alle</title>
```

5 – Layout und Struktur

```html
<!-- mobile viewport optimisation -->
<meta name="viewport"
      content="width=device-width, initial-scale=1.0">

<!-- stylesheets -->
<link rel="stylesheet" href="base.min.css"
      type="text/css"/>

<!--[if lte IE 7]>
<link rel="stylesheet" href="iehacks.min.css"
                                        type="text/css"/>
<![endif]-->

<style type="text/css">
  .ym-wrapper { min-width: 760px; max-width: 1000px;
    margin-left: auto; margin-right: auto; }

  .ym-wbox { padding: 10px; }
</style>
</head>

<body>
  <div class="ym-wrapper">
    <div class="ym-wbox">
      <header>
        Kopfzeile
      </header>

      <div>
        Inhalt
      </div>

      <footer>
        Fußzeile
      </footer>
    </div>
  </div>
</body>
</html>
```

Listing 5.3: Grundgerüst einer Webanwendung mit YAML

Tableless Layout

Im nächsten Schritt wollen wir nun unser Layout, wie wir es im Konzept spezifiziert haben, mit YAML umsetzen. Hierzu erweitern wir unser HTML-Konstrukt um die noch fehlenden Container (Listing 5.4). Weiteren CSS-Code müssen wir nicht produzieren, er wird uns bereits von YAML zur Verfügung gestellt.

```
<div class="ym-wrapper">
  <div class="ym-wbox">
    <header id="header">
      <div class="ym-grid">
        <div id="logo" class="ym-g50 ym-gl">
          Logo
        </div>

        <div id="search" class="ym-g50 ym-gr">
          Suche
        </div>
      </div>

      <nav id="navigation">
        Navigation
      </nav>
    </header>

    <div class="ym-grid ym-equalize">
      <aside id="left" class="ym-g25 ym-gl">
        Links
      </aside>

      <section id="main" class="ym-g50 ym-gl">
        <nav id="breadcrumb">
          Navigationspfad
        </nav>

        <article id="content">
          Inhalt
        </article>
      </section>

      <aside id="right" class="ym-g25 ym-gr">
        Rechts
      </aside>
    </div>
```

5 – Layout und Struktur

```
<footer id="footer">
    Fußzeile
</footer>
    </div>
</div>
```

Listing 5.4: Umsetzung des Strukturkonzepts mit YAML

Sie sehen, wir können mittels des YAML CSS Frameworks beim Erzeugen eines Layouts für eine Webanwendung noch einmal viel Zeit einsparen. Und der Einarbeitungsaufwand hält sich dabei in Grenzen. Selbstverständlich bietet YAML noch viele weitere Hilfsklassen für Formulare, Navigation und auch für Barrierefreiheit. Interessant dürften hier die Klassen zum Verbergen von Inhalten sein. Ein Blick in die Dokumentation zu riskieren, lohnt sich auf jeden Fall.

5.2.2 Blueprint CSS Framework

Der wohl schärfste Konkurrent von YAML ist das Blueprint CSS Framework, auf dessen Grundlage auch bereits große und namhafte Anwendungen umgesetzt worden sind. Auch dieses Framework möchte ich kurz vorstellen und zeigen, wie damit unser Konzept der Webanwendung umgesetzt werden kann.

Blueprint ist unter einer modifizierten Form der MIT-Lizenz veröffentlicht und somit kostenlos und frei verfügbar. Das Framework kann in privaten wie auch in kommerziellen Anwendungen eingesetzt, modifiziert und erweitert werden, solange Sie immer auf die Quelle Ihrer Codebasis verweisen und Ihre Erweiterung unter der gleichen Lizenz kostenfrei veröffentlichen.

Starten wir nun mit der Umsetzung. Der erste Schritt besteht darin, sich das Framework von der Webseite des Betreibers (*www.blueprintcss.org*) herunterzuladen und in die eigene Webanwendung einzubinden. Das Framework besteht im Kern aus drei Style-Sheet-Dateien:

Tableless Layout

- *screen.css* – Beinhaltet CSS-Klassen zur Darstellung der Anwendung auf einem Bildschirm oder Beamer
- *print.css* – Kümmert sich um die Optik einer ausgedruckten Webseite
- *ie.css* – Behandelt den Internet Explorer gesondert und weist ihn an, die Webanwendung so darzustellen wie andere marktführende Browser

Der Kopfbereich einer mit Blueprint umgesetzten Webanwendung wird dann wie in Listing 5.5 implementiert.

```
<link rel="stylesheet" href="blueprint/screen.css"
       type="text/css" media="screen, projection" />
<link rel="stylesheet" href="blueprint/print.css"
       type="text/css" media="print" />
<!--[if IE]>
<link rel="stylesheet" href="blueprint/ie.css"
       type="text/css" media="screen, projection" />
<![endif]-->
```

Listing 5.5: HTML Header einer mit Blueprint umgesetzten Webanwendung

Weitere Style-Definitionen und Style-Sheet-Dateien sind für die grundlegenden Funktionen von Blueprint nicht nötig. Leider stehen für das Framework keine minimierten Ausführungen der Dateien zur Verfügung. Das kann allerdings durch den Entwickler selbst mittels der vielen im Netz frei verfügbaren Komprimierungstools durchgeführt werden.

Im letzten Schritt gilt es nun, das HTML Markup zu Schreiben und die Webanwendung so zu strukturieren wie es unser Konzept vorgibt. Es ist wichtig zu wissen, dass Blueprint standardmäßig auf dem Konzept des 950 Pixel Grids aufbaut und dieses in 24 Spalten unterteilt ist. Das bedeutet, dass Ihrer Webanwendung insgesamt eine Breite von 950 Pixeln zur Verfügung steht und diese in maximal 24 Spalten aufgeteilt werden können. Eine Spalte hat dabei eine Breite von 30 Pixeln und ein Margin von 10 Pixeln. Das bedeutet, dass zwischen jeder Spalte ein Abstand von 10 Pixeln eingefügt wird. In der Summe kommt man dann auf eine Gesamtbreite von 950 Pixeln.

5 – Layout und Struktur

Möchte man nun mehrere Container nebeneinander platzieren, so müssen sie mit einem Container, dem die Klasse *container* zugewiesen wird, umschlossen werden (Listing 5.6).

```html
<header id="header">
  <div class="container">
    <div id="logo" class="span-12">
      Logo
    </div>

    <div id="search" class="span-12 last">
      Suche
    </div>
  </div>

  <nav id="navigation">
    Navigation
  </nav>
</header>

<div class="container">
  <aside id="left" class="span-6">
    Links
  </aside>

  <section class="span-12">
    <nav id="breadcrumb">
      Navigationspfad
    </nav>

    <article id="content">
      Inhalt
    </article>
  </section>

  <aside id="right" class="span-6 last">
    Rechts
  </aside>
</div>

<footer id="footer">
  Fußzeile
</footer>
```

Listing 5.6: Umsetzung des Strukturkonzepts mit Blueprint

Inhalte verbergen

Schauen wir uns im Detail den Container an, der den linken und rechten sowie den eigentlichen Inhaltsbereich ausrichtet. Den beiden Außenbereichen wurde die Klasse *span-6* zugewiesen, das bedeutet, die Container nehmen jeweils eine Breite von sechs der insgesamt 24 Spalten in Anspruch. An den Inhaltsbereich wurde die Klasse *span-12* vergeben, der somit eine Breite von 12 Spalten beansprucht. Zuletzt wurde der rechten und somit der letzten Spalte des Grids die Klasse *last* zugewiesen, die dieser Container als den letzten in der Ausrichtung kennzeichnet. Kein Hexenwerk also, das man mit Blueprint vollbringen muss, um Container auf dem Bildschirm auszurichten.

Natürlich stellt auch dieses Framework weitaus mehr Funktionalität zur Verfügung als die hier vorgestellten Grid-Klassen. Die Dokumentation ist leider nicht so gut wie die des Konkurrenten YAML, trotzdem sollte man auch hier einen Blick riskieren, um sich einen Überblick über den Umfang des Frameworks zu verschaffen.

5.3 Inhalte verbergen

Oft kommt man bei der Umsetzung einer barrierefreien Webanwendung an den Punkt, an dem man gerne Inhalte optisch verbergen möchte, um sie nur den Nutzern eines Screen Readers zugänglich zu machen. Das ist immer dann sinnvoll, wenn man einem blinden Anwender zusätzliche Informationen an die Hand geben möchte, die für einen Sehenden nicht notwendig sind. Bereits im vorherigen Kapitel HTML und CSS ist im Abschnitt *Formulare* die CSS-Klasse *invisible* zum Einsatz gekommen. Nun ist der Zeitpunkt gekommen, an dem ich näher auf die Implementierung und die Gedanken hinter dieser Klasse eingehen möchte.

Üblicherweise kann man mittels CSS einzelne HTML-Elemente mit dem Befehl *visibility: hidden* oder *display: none* ausblenden. Was jedoch die wenigsten wissen: Damit sind die Elemente auch für einen Screen Reader als nicht sichtbar markiert und werden nicht vorgelesen, obwohl sie weiterhin im HTML Markup verankert sind. Das macht nochmals

5 – Layout und Struktur

deutlich, dass auch Screen Reader CSS-Anweisungen interpretieren und ausführen.

Wie also schafft man es nun, HTML-Elemente optisch verschwinden zu lassen und sie trotzdem vor dem Screen Reader nicht zu verbergen? Hierzu bedient man sich eines einfachen Tricks. HTML-Elemente, die nicht angezeigt werden sollen, werden einfach aus dem darstellbaren Bereich verbannt und nach links aus dem Anzeigebereich des Bildschirms verschoben. Genau das erreicht man mit den beiden Anweisungen *left: -2000px* und *position: absolute*. Das zu verbergende Element wird also absolut an eine Stelle (-2000 Pixel) neben den eigentlichen Anzeigebereich verschoben. Die restlichen Anweisungen dienen lediglich dazu, dass sehr große Elemente keine Chance haben, von links wieder in den optischen Bereich hineinzuwachsen (Listing 5.7).

```
.invisible {
  left: -2000px;
  position: absolute;
  padding: 0;
  margin: 0;
  width: 1px;
  background: none transparent scroll repeat 0% 0%;
  height: 1px;
  font-size: 1px;
  line-height: 1px;
  overflow: hidden;
}
```

Listing 5.7: CSS-Klasse zum Verbergen von HTML-Elementen

An dieser Stelle bietet es sich an, noch einmal über Grafiken und deren Sichtbarkeit in Webanwendung zu sprechen. Ich hatte bereits im letzten Kapitel erwähnt, dass Grafiken, die mit dem Element <img> auf einer Webseite eingebunden werden, immer mit einem *alt*-Attribut versehen werden müssen. Je nachdem, ob der Inhalt des Bilds für das inhaltliche Verständnis relevant ist, wird das *alt*-Attribut gefüllt oder leer gelassen. In jedem Fall wird dem Screen-Reader-Benutzer jedoch an der jeweiligen

Beschriftung von Inhalten

Stelle eine Grafik angesagt und bei gefülltem *alt*-Attribut auch der Inhalt näher erläutert. Bisher also nichts Neues für Sie.

CSS bietet ebenfalls eine Möglichkeit, Grafiken auf einer Webseite zu platzieren und das mittels eines grafischen Hintergrunds, der mit dem Befehl *background-image* für ein beliebiges HTML-Element gesetzt wird. Erwähnenswert ist das an dieser Stelle deshalb, weil eine derart platzierte Grafik von einem Screen Reader nicht erfasst und erläutert wird, da es sich hierbei um eine rein optische und für den Inhalt nicht relevante Darstellung handelt. Es ist auf diese Weise also möglich, Grafiken ausschließlich für Nutzer visueller Browser zugänglich bzw. sichtbar zu machen, um z. B. das Layout ansprechender zu gestalten oder die Usability für sehende Anwender zu verbessern.

Ein weiterer Unterschied der beiden Arten, ein Bild auf einer Webseite zu inkludieren, macht sich beim Ausdrucken einer Seite bemerkbar. Sollte die Seite HTML-Elemente mit gesetzter Hintergrundgrafik enthalten, wird auf dem Ausdruck das Bild auch verborgen bleiben und nicht auf dem Papier erscheinen. Bilder, die mit dem Element <*img*> eingebunden sind, werden hingegen mit ausgedruckt.

5.4 Beschriftung von Inhalten

Bereits im Abschnitt *Überschriften* des vorherigen Kapitels habe ich erwähnt, dass Überschriften von Screen-Reader-Nutzern als Sprungmarken und zur Navigation zwischen einzelnen Inhalten einer Seite genutzt werden. Unter diesem Gesichtspunkt hatte ich auch erwähnt, dass man die Überschiften der zweiten Ordnung, also das Element <*h2*>, dazu verwendet, Inhaltsbereiche einer Seite zu kennzeichnen.

An dieser Stelle möchte ich nochmal auf dieses Thema zu sprechen kommen und anhand unseres Layouts, das wir in den vorherigen Abschnitten bereits entwickelt haben, ein Beispiel für die praktische Anwendung dieses Ansatzes nachliefern. Listing 5.8 zeigt die implementierte HTML-

5 - Layout und Struktur

Struktur unserer Webanwendung mit unsichtbaren Überschriften, welche die Inhaltsbereiche näher klassifizieren.

```html
<!DOCTYPE HTML>
<html>
  <head>
    <title>Barrierefreiheit: Web für alle</title>
  </head>

  <body>
    <h1 class="invisible">
      Barrierefreiheit - Webanwendungen ohne Hindernisse
    </h1>

    <header id="header">
      <div id="logo">
        Logo
      </div>

      <h2 class="invisible">
        Suchfunktion der Webanwendung
      </h2>

      <div id="search">
        Suche
      </div>

      <h2 class="invisible">
        Hauptnavigation der Webanwendung
      </h2>

      <nav id="navigation">
        Navigation
      </nav>
    </header>

    <h2 class="invisible">
      Linker Teilbereich der Seite - Hier finden Sie verwandte
      Informationen zum Thema "Beschriftung von Inhalten"
    </h2>
```

Beschriftung von Inhalten

```
<aside id="left">
  Links
</aside>

<h2 class="invisible">
  Rechter Teilbereich der Seite - Hier finden Sie
  Informationen die Sie ebenfalls interessieren könnten
</h2>

<aside id="right">
  Rechts
</aside>

<section id="main">

  <h2 class="invisible">
    Navigationspfad - Sie befinden sich aktuell hier:
  </h2>

  <nav id="breadcrumb">
    Navigationspfad
  </nav>

  <h2 class="invisible">
    Inhaltsbereich - Aktuell sind Informationen zum Thema
    "Beschriftung von Inhalten" geöffnet.
  </h2>

  <article id="content">
    Inhalt
  </article>
</section>

<h2 class="invisible">
  Fußzeile der Anwendung
</h2>

<footer id="footer">
  Fußzeile
</footer>
</body>
</html>
```

Listing 5.8: Unsichtbare Überschriften zur Ankündigung von Inhaltsbereichen

5 – Layout und Struktur

Wie Sie dem Beispiel entnehmen können, dürfen die Texte in den Überschriften gerne auch etwas länger sein. Der blinde Anwender wird es Ihnen danken, wenn Sie ihm so genau wie möglich erläutern, welche Informationen er in welchen Teilbereichen einer Seite finden kann. Der Vollständigkeit halber sei hier noch einmal erwähnt, dass Überschriften der dritten Ebene <*h3*> und folgende als die eigentlichen Überschriften im Text verwendet werden.

5.5 Suchfunktion

Die Suchfunktion wird oft unterschätzt und die Wichtigkeit dieser Funktionalität in Bezug auf Barrierefreiheit nicht berücksichtigt. Sie erhöht nicht nur die Usability der Anwendung für normal sehende Anwender, sondern stellt eine wichtige Navigationsmöglichkeit für sehbehinderte und blinde Menschen dar. Mithilfe einer Suche kann der Nutzer schnell die Informationen in Ihrem Angebot finden, die er sucht, und muss dorthin nicht einen umständlichen Weg über die Navigation nehmen. Ein gutes Beispiel für eine unverzichtbare Suchfunktion ist ein Onlineshop. Können Sie sich eine Bestellplattform ohne Suchfunktion vorstellen? Die Navigation wird auf solchen Portalen nahezu nicht genutzt und dient lediglich als Ergänzung der Suche. Auch in anderen Bereichen und Arten von Anwendungen ist eine Suche nicht wegzudenken, daher sollten Sie für die sorgfältige Planung und Umsetzung ein wenig Zeit einplanen. Diese Funktionalität könnte der Schlüssel zu Ihrer Anwendung sein, auch wenn das in den ersten Überlegungen nicht den Anschein erweckt.

> **MEINUNG:** Nach meiner Einschätzung gehört auf ausnahmslos jede Webanwendung eine Suchfunktion, welche die Usability als auch die Barrierefreiheit maßgeblich verbessert und positiv beeinflusst. Es gibt außer einem geringen Mehraufwand für die Implementierung keinen stichhaltigen Grund, auf eine Suche zu verzichten.

Suchfunktion

Bei der Implementierung einer Suche sind einige Punkte zu beachten, die ich im Folgenden erwähnen möchte.

Zunächst ist das Eingabefeld für die Suche möglichst weit oben im HTML Markup zu implementieren. Da ein Screen Reader eine Seite von oben nach unten vorliest, also den HTML-Code sequenziell von oben nach unten abarbeitet, landet der Benutzer automatisch zuerst im Suchfeld der Anwendung. Praktisch, denn er kann sofort damit beginnen, Inhalte in Ihrem Angebot aufzusuchen. Dem Designer ist es nun freigestellt, die Suche auch optisch im Kopf der Seite zu platzieren oder das Modul an eine beliebige Stelle mittels CSS zu verschieben.

Die Suche selbst sollte eindeutig als solche identifizierbar sein. Elegant ist es hier, mit einer Überschrift das Modul anzukündigen. Diese Überschrift kann dann vor den Augen des sehenden Anwenders verborgen worden. Somit dient die Überschrift lediglich zur Orientierung und vielmehr noch als Navigationspunkt für Blinde und Sehbehinderte.

Auch für die Suche gilt: Das Eingabefeld für den Suchbegriff ist mit einem Element *<label>* zu beschriften. Hierbei ist auf eine klare und unmissverständliche Bezeichnung zu achten. Das gilt übrigens auch für die Überschrift, die das Suchformular ankündigt.

Zu guter Letzt ist unbedingt zu beachten, dass die Schaltfläche zum Abschicken der Suchanfrage in jedem Fall nach dem Eingabefeld zu platzieren ist. Diese goldene Regel ist im Übrigen bei allen Formularen zu beachten. Der Grund dafür ist, dass ein Screen Reader sonst erst die Schaltfläche ankündigt, dann das Suchfeld, und der Nutzer dann nur schwer wieder zurück zur Schaltfläche springen kann. Der Entwickler muss sich an dieser Stelle vor Augen führen, dass ein Screen Reader den Markup einer Webseite sequenziell von oben nach unten abarbeitet.

Empfehlenswert ist im Hinblick auf sehbehinderte und sehr schlecht sehende Menschen, das Suchfeld großzügig zu skalieren, damit es beim ungeschulten Blick auf die Seite sofort ins Auge sticht. Auch sollte die

5 – Layout und Struktur

Schaltfläche nicht nur mit einem Pfeil oder einer anderen beliebigen Grafik gekennzeichnet sein, sondern tatsächlich auch das Wort *Suchen* beinhalten. Eine barrierefreie beispielhafte Implementierung eines Suchformulars stellt Listing 5.9 vor.

```
<h2 class="invisible">Suchfunktion der Webanwendung</h2>

<form action="search.html" method="post">
  <label for="search">Was suchen Sie?</label>

  <input id="search" name="search" type="text" size="30" />

  <input type="submit" value="Suchen" />
</form>
```

Listing 5.9: HTML-Implementierung eines Suchformulars

5.6 Farben und Kontraste

Barrierefreies Webdesign wird durch viele Faktoren beeinflusst. Neben technischen Herausforderungen und strukturellen Kriterien spielt auch eine bedachte Farbwahl eine wichtige Rolle. Die Wahl der in einer Webanwendung zum Einsatz kommenden Farben und Kontraste stellt einen wichtigen Schritt im Designprozess dar. Der erste Schritt auf dem Weg zum Webdesign ist die Auswahl einer oder mehrerer Farben, die sich wie ein roter Faden durch die komplette Anwendung ziehen sollen. Zumindest ist das die Optimalvorstellung eines jeden Designers, in die viel Zeit für Überlegungen investiert wird. Leider wird beim Entwurf eines Designs oftmals vergessen, dass es Farbkombinationen gibt, die für Menschen mit einer Sehschwäche für Farben schnell zum Problem werden können. Als bekannteste Sehschwäche ist hier wohl die so genannte Rot-Grün-Blindheit zu nennen. Betroffene können dabei nicht zwischen den Farben Rot und Grün unterscheiden.

Farben und Kontraste

Des Weiteren sollte das Thema Kontraste im Hinblick auf Barrierefreiheit genau betrachtet werden. Oftmals stehen Hintergrund und Text einer Anwendung nicht in einem ausreichenden Kontrastverhältnis zueinander und können von Anwendern mit Sehschwäche nicht erkannt bzw. voneinander getrennt werden. Was für normal sehende Menschen ansprechend und ausreichend lesbar erscheint, kann für Sehbehinderte schnell unleserlich und unverständlich werden.

5.6.1 Barrieren durch falsches Farbkonzept

Das Farbsortiment, welches dem Designer zur Verfügung gestellt wird, ist riesig und verführt dazu, feine Farbnuancen für die Gestaltung einer Webanwendung zu verwenden. Dagegen gibt es vorerst keinen Einwand und auch keine Bedenken in Bezug auf Barrierefreiheit. Nun kommt es aber darauf an, dass Helligkeiten und Farbwerte zwischen Hintergrund und Vordergrund so gewählt werden, dass ein ausreichender Kontrast entsteht und die Inhalte gut lesbar sind.

Das klingt zunächst banal und selbstverständlich, doch riskieren wir an dieser Stelle einen Blick in die Praxis. Farben werden auf unterschiedlichen Bildschirmen verschieden dargestellt. Die Gründe hierfür sind eine individuelle Kalibrierung durch den jeweiligen Anwender, also auch vom Alter oder der Qualität des Geräts abhängig. Helligkeit und Kontrast werden sehr häufig von Nutzern an die eigenen Bedürfnisse angepasst. Menschen mit einer Sehschwäche für Farben sind nicht selten mit einem schwarz-weißen oder gar monochromen Monitor unterwegs. Spätestens jetzt ist also klar, dass Ihr ausgedachtes Farbkonzept nicht überall gleich aussehen wird. Schnell entstehen hierdurch Barrieren, wenn Farb- oder Helligkeitsdifferenzen und das Kontrastverhältnis zwischen Vorder- und Hintergrund unzureichend sind.

5 – Layout und Struktur

5.6.2 Farbkonzepte und Webdesign

Sie haben vielleicht schon gemerkt, dass es zu diesem Thema nicht wirklich ein Patentrezept gibt. In den bisherigen technischen Kapiteln gab es eine ganz klare Vorgabe und Definition von Richtig und Falsch. Das kann ich Ihnen leider beim Thema Farben und Kontraste nicht liefern. Es ist unmöglich, alle Bildschirmqualitäten und -einstellungen umfassend einzuschätzen und aus diesen Ergebnissen ein Farbkonzept zu entwickeln.

An dieser Stelle möchte ich Ihnen ein in der Praxis bewährtes Hilfsmittel an die Hand geben, das Sie dabei unterstützt, ein Farbkonzept und später auch ein Design auf Barrierefreiheit zu überprüfen. Der Color Contrast Analyser (http://www.paciellogroup.com/resources/contrastAnalyser) der Paciello Group ist ein kostenfreies Tool und steht frei zum Download zur Verfügung. Mit diesem Werkzeug lässt sich beispielsweise das Kontrastverhältnis zwischen Vorder- und Hintergrund auf Barrierefreiheit hinsichtlich verschiedener Farbsehschwächen überprüfen. Ein weiteres Feature ist das Simulationsfenster, mit dem Sie eine Webanwendung wie durch eine Brille anschauen und verschiedene Sehschwächen simulieren können.

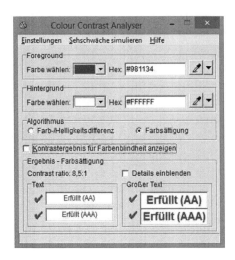

Abbildung 5.5: Colour Contrast Analyser zur Überprüfung der Farbkontraste

Navigation

Zum Schluss möchte ich Ihnen noch den Rat geben, sich beim Design einer Anwendung immer wieder zu hinterfragen, ob das Farbkonzept wirklich barrierefrei gewählt ist und Sie auch mit müden und unausgeschlafenen Augen ohne Anstrengung Ihre eigene Anwendung bedienen könnten.

Abbildung 5.6: Screen Converter zur Simulation von Farbblindheiten

5.7 Navigation

Die Navigation ist das wohl das wichtigste Modul einer Webanwendung. Einen höheren Stellenwert hat nur noch die Suche, die bereits in einem vorherigen Abschnitt ausführlich behandelt wurde.

Die Navigation bietet stets einen Überblick über die zur Verfügung stehenden Inhalte und Funktionen einer Anwendung. Neben der eigentlichen Aufgabe als Sprungbrett zu den einzelnen Bereichen der Software bietet sie zudem auch die Funktion eines Inhaltsverzeichnisses. Dieser Gedanke sollte nicht aus den Augen verloren werden, da zum einen häufig die Na-

5 – Layout und Struktur

vigation aufgeteilt und an mehrere Stellen in der Anwendung verteilt wird und zum anderen die Navigation keinen vollständigen Überblick über die Struktur der Anwendung bietet. Gerade vor dem Split einer Navigation möchte ich an dieser Stelle ausdrücklich abraten. Allein aus Sicht der Usability ist es besser, sich auf eine zentrale Navigation zu beschränken und dem Nutzer einen zentralen Anlaufpunkt zum Manövrieren durch die Anwendung zu bieten. Davon profitiert auch die Barrierefreiheit, denn Menschen mit Sehbehinderung haben einen Fixpunkt, zu dem sie zurückkehren können, wenn sie zu anderen Inhalten Ihres Angebots springen möchten.

Aus Sicht der Barrierefreiheit unterscheidet man zwischen zwei Navigationsarten, der Seiten- und der Inhaltsnavigation. Diese beiden unterschiedlichen Module werden in den beiden folgenden Kapiteln näher beschrieben.

5.7.1 Seitennavigation

Über die Seitennavigation haben wir bereits im Vorfeld gesprochen. Hierbei handelt es sich um die Navigation, die für jeden Benutzer sichtbar ist und die als Sprungbrett zu den einzelnen Inhalten einer Webanwendung dient.

Die Seitennavigation sollte an einem zentralen Fixpunkt in der Anwendung verankert und dort auch immer aufzufinden sein, egal in welchen Zustand sich die Webanwendung gerade befindet und welche Inhalte aktuell angezeigt werden. Damit schlagen Sie zwei Fliegen mit einer Klappe und steuern einen Beitrag sowohl zur Barrierefreiheit als auch zur Benutzerfreundlichkeit bei.

Die Seitennavigation wird vom Benutzer meist in der Kopfzeile direkt über dem eigentlichen Inhalt oder am linken Bildschirmrand erwartet. Bereits bei dem Thema Suche hatte ich erwähnt, dass dieses Modul so weit wie möglich im HTML Markup platziert werden muss. Das gilt auch für die Navigation. Ist es nur irgend möglich, platzieren Sie die Navigation direkt zu Beginn des *<body>*-Elements direkt unter der Suche. Landet ein Benutzer eines Screen Readers dann auf der Webanwendung, landet

Navigation

er zuerst im Suchfeld, anschließend direkt in der Navigation und kann sofort mit der Steuerung der Anwendung beginnen, ohne zuerst die ganze Seite analysieren und auf Navigationselement absuchen zu müssen.

Auch die Navigation sollten Sie mit einer unsichtbaren Überschrift ankündigen. Wie genau Sie das anstellen und wie eine Navigation aufgebaut wird, verdeutlicht Listing 5.10, das eine beispielhafte Implementierung einer Navigation beinhaltet.

```
<h2 class="invisible">Navigation der Anwendung</h2>

<ul>
  <li>
    <a href="start.html">Startseite</a>
  </li>

  <li>
    <a href="produkte.html">Produkte</a>

    <ul>
      <li>
        <a href="schuhe.html">Schuhe</a>
      </li>

      <li>
        <a href="jacken.html">Jacken</a>
      </li>

      <li>
        <a href="hosen.html">Hosen</a>
      </li>
    </ul>
  </li>
  <li>

  <li>
    <a href="kontakt.html">Kontakt</a>
  </li>
</ul>
```

Listing 5.10: Aufbau einer Seitennavigation mit Beschriftung

5 - Layout und Struktur

Wie Sie nun die Navigation optisch darstellen und mit CSS anpassen, bleibt Ihrer Kreativität überlassen. Sollten Sie sich für ein ausklappbares Menü entscheiden, bei dem auf den ersten Blick nur die erste Ebene der Menüpunkte zu sehen ist und erst beim Überfahren mit der Maus die darunter liegende Ebene zum Vorschein kommt, dann denken Sie daran, die Unterebenen nicht einfach mit der CSS *display: none* auszublenden. Greifen Sie auch hier auf die *invisible*-Klasse zurück, die in einem vorherigen Abschnitt dieses Kapitels behandelt wurde. Nur dann machen Sie auch dem Nutzer eines Screen Readers die komplette Navigation zugänglich.

Eine Anregung, wie barrierefreie Menüs aufgebaut und gestaltet werden können, bieten die Abbildungen 5.7, 5.8 und 5.9.

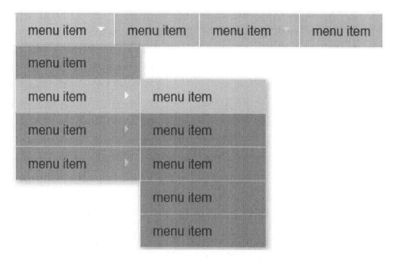

Abbildung 5.7: Horizontale Navigation auf aufklappbaren Untermenüs

Navigation

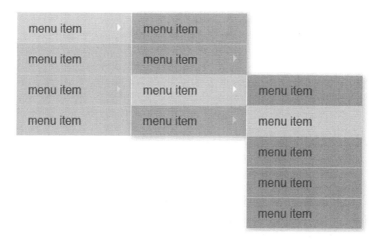

Abbildung 5.8: Vertikale Navigation mit aufklappbaren Untermenüs

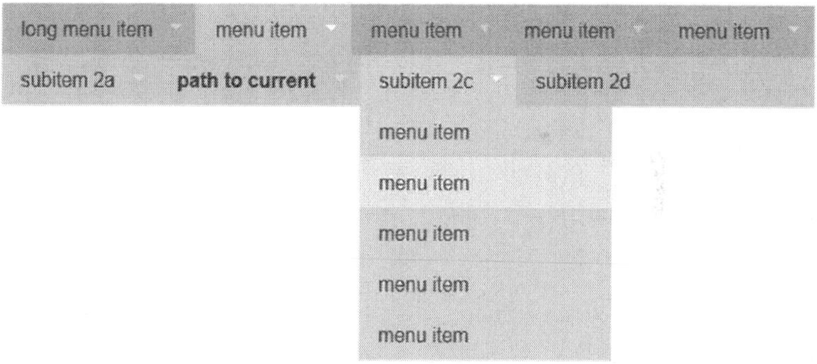

Abbildung 5.9: Horizontal und vertikal kombinierte Navigation

Barrierefreiheit

5 – Layout und Struktur

5.7.2 Inhaltsnavigation

Die Inhaltsnavigation unterstützt Nutzer eines Screen Readers, verschiedene Bereiche der aktuell geöffneten Webseite anzusteuern und Inhalte zu überspringen. Hierbei handelt es sich um ein weiteres Navigationsmenü, das in der Regel für den Anwender eines optischen Browsers außerhalb des sichtbaren Bereichs liegt. Denken wir aber noch einen Schritt weiter und beziehen stark sehbehinderte Nutzer in unsere Überlegungen mit ein, die mit einer Bildschirmlupe und starker Vergrößerung eine Anwendung steuern, so liegt der Gedanke nahe, dass das Navigationsmenü bei Bedarf auch sichtbar werden sollte und prinzipiell von jedem Anwender genutzt werden kann. Doch machen wir einen Schritt nach dem anderen und starten von Beginn an.

Die Inhaltsnavigation wird wie die Seitennavigation auch so weit oben wie möglich im HTML-Kontext implementiert. Optimal ist eine Platzierung direkt oberhalb der Suche und der Seitennavigation. Beherzigen Sie diese Platzierung, können die Suche und die Seitennavigation auch etwas weiter unten im Quellcode positioniert werden, da der Nutzer die Möglichkeit hat, sie direkt mit der Inhaltsnavigation anzuspringen. Die Inhaltsnavigation wird ebenfalls in einer unsortierten Liste <ul> realisiert und unterscheidet sich im Aufbau des Markups kaum von der Seitennavigation (Listing 5.11).

```
<h1 class="invisible">
  Barrierefreiheit - Webanwendungen ohne Hindernisse
</h1>

<h2 class="invisible">
  Inhaltsnavigation der Anwendung zum Ansteuern der
  einzelnen Seitenbereiche
</h2>

<ul class="invisible">
  <li>
    <a href="#search-area">Springe zur Suche</a>
  </li>
```

Navigation

```html
<li>
    <a href="#navigation-area">Springe zur Navigation</a>
</li>
<li>
    <a href="#left-area">Springe zum linken Teilbereich</a>
</li>
<li>
    <a href="#right-area">Springe zum rechten Teilbereich</a>
</li>
<li>
    <a href="#navpath-area">Springe zum Navigationspfad</a>
</li>
<li>
    <a href="#content-area">Springe zum Inhaltsbereich</a>
</li>
<li>
    <a href="#footer-area">Springe zur Fußzeile</a>
</li>
</ul>
<header id="header">
    <div id="logo">
        Logo
    </div>

    <h2 class="invisible">
        Suchfunktion der Webanwendung
    </h2>

    <a id="search-area"></a>

    <div id="search">
        Suche
    </div>

    <h2 class="invisible">
        Hauptnavigation der Webanwendung
    </h2>
```

5 – Layout und Struktur

```
<a id="navigation-area"></a>

<nav id="navigation">
  Navigation
</nav>
</header>

<h2 class="invisible">
  Linker Teilbereich der Seite - Hier finden Sie verwandte
  Informationen zum Thema "Beschriftung von Inhalten"
</h2>

<a id="left-area"></a>

<aside id="left">
  Links
</aside>

<h2 class="invisible">
  Rechter Teilbereich der Seite - Hier finden Sie
  Informationen die Sie ebenfalls interessieren könnten
</h2>

<a id="right-area"></a>

<aside id="right">
  Rechts
</aside>

<section id="main">
  <h2 class="invisible">
    Navigationspfad - Sie befinden sich aktuell hier:
  </h2>

  <a id="navpath-area"></a>

  <nav id="breadcrumb">
    Navigationspfad
  </nav>
```

Navigation

```
<h2 class="invisible">
  Inhaltsbereich - Aktuell sind Informationen zum Thema
  "Beschriftung von Inhalten" geöffnet.
</h2>

<a id="content-area"></a>
<article id="content">
  Inhalt
</article>
</section>

<h2 class="invisible">
  Fußzeile der Anwendung
</h2>

<a id="footer-area"></a>
<footer id="footer">
  Fußzeile
</footer>
```

Listing 5.11: HTML-Struktur einer Webanwendung mit Inhaltsnavigation

Zuerst werden alle markanten Inhaltsbereiche wie Navigation, Suche, Navigationspfad, Seiteninhalt etc. mit einer Sprungmarke versehen. Zur Erinnerung: Sprungmarken werden mit einem Hyperlink-Element <a> definiert, welche als Attribut einen eindeutigen Identifier *id* mitgeteilt bekommen, über den dann mit einem herkömmlichen Hyperlink darauf verwiesen werden kann. Hat man das erledigt, kann es auch schon an die Implementierung des Sprungmenüs gehen. Diese wird mit der im Abschnitt *Inhalte verbergen* vorgestellten *invisible*-Klasse für einen optischen Browser versteckt. Damit wären wir auch schon am Ziel und haben die erste Stufe unserer Inhaltsnavigation erfolgreich implementiert. Sie kann nun von Screen-Reader-Nutzern als Sprungbrett zu einzelnen Inhaltsbereichen genutzt werden.

5 – Layout und Struktur

Im nächsten Schritt wollen wir unsere Inhaltsnavigation auch jedem anderen Nutzer zur Verfügung stellen bzw. die Funktionalität für jeden sichtbar gestalten. Der einfache Weg wäre, die Navigation einfach immer und für jeden optisch einzublenden. Doch den normal sehenden Nutzer würde eine zusätzliche Navigation, die ihn beim Navigieren zu den einzelnen Seitenbereichen unterstützen sollte, vermutlich doch eher stören. Elegant wäre es, die Navigation nur bei Bedarf bzw. beim Fokussieren anzuzeigen. Mit Fokussieren meine ich, die Inhaltsnavigation mit der Tabulatortaste anzuspringen. An dieser Stelle greifen wir auf etwas JavaScript-Funktionalität zurück. Das ist hier auch völlig legitim, da wir mit dem Ein- bzw. Ausblenden der Inhaltsnavigation lediglich die Usability verbessern.

Der wohl einfachste Weg ist es, mittels JavaScript die *invisible*-Klasse der Navigation zu entfernen und durch eine Klasse zu ersetzen, die das Menü im Anzeigebereich eines Browsers platziert. Hierzu müssten wir also erkennen, wann der Benutzer das Inhaltsmenü fokussiert bzw. mit der Tabulatortaste angesprungen hat und dann die CSS-Klassen austauschen. An dieser Stelle möchte ich auf jQuery zurückgreifen, ein kostenloses JavaScript-Framework, das uns die Arbeit um ein Vielfaches erleichtert und uns viel Schreibarbeit erspart.

PROFITIPP: jQuery ist eine freie und markterprobte JavaScript-Bibliothek, die komfortable Funktionen zur DOM-Navigation und -Manipulation bietet. Das Framework kann sowohl in privaten als auch in kommerziellen Anwendungen frei verwendet werden. Die Bibliothek und eine umfangreiche Dokumentation finden sich unter *www.jquery.com*

Im ersten Schritt erweitern wir unsere bestehende Inhaltsnavigation um eine ID. Das erledigen wir, indem wir dem <ul>-Element ein weiteres Attribut *id* hinzufügen. Wählen Sie einen eindeutigen Namen, der nicht noch einmal auf Ihrer Webseite verwendet wird (Listing 5.12).

Navigation

```
<ul class="invisible" id="content-nav">
  <li>
    <a href="#search-area">Springe zur Suche</a>
  </li>
  [...]
</ul>
```

Listing 5.12: Erweiterung der Inhaltsnavigation mit einer ID

Nun kommen wir zum erforderlichen JavaScript-Code, den wir in einem *<script>*-Element im *<head>*-Bereich unserer Webanwendung platzieren (Listing 5.13). Zuvor jedoch sollte man nicht vergessen, die eigentliche jQuery-Bibliothek in die Webseite einzubinden. Die erste Zeile unseres JavaScript-Codes definiert eine neue anonyme Funktion, die ausgeführt wird, sobald das komplette DOM der Webseite von Browser geladen wurde. Das ist wichtig, denn wenn die JavaScript-Funktionalität ausgeführt wird, bevor das komplette HTML Markup der Seite geladen ist, könnte es zu Fehlern aufgrund noch nicht vorhandener HTML-Elemente kommen.

Anschließend folgt die Definition von zwei Event Handlern. Der erste reagiert auf die Fokussierung der Inhaltsnavigation. Fokussiert also der Nutzer die Inhaltsnavigation mit beispielsweise der Tabulatortaste, dann werden dieses Event und die darin implementierte Funktion ausgeführt. Der zweite Event Handler reagiert auf das Verlassen des Menüs. Springt der Anwender mit beispielsweise der Tabulatortaste weiter und somit aus der Inhaltsnavigation heraus, dann wird die darin implementierte Funktionalität ausgeführt.

Wird die Inhaltsnavigation fokussiert, entfernt die im ersten Event Handler definierte Funktion die Klasse *invisible* und fügt stattdessen die CSS-Klasse *visible* der Navigation hinzu. Damit wird diese sichtbar und auf dem Bildschirm angezeigt. Die Implementierung der Klasse *visible* ist in Listing 5.14 dargestellt.

5 – Layout und Struktur

Verlässt der Anwender die Inhaltsnavigation und verliert den Fokus darauf, dann wird die *visible*-CSS-Klasse wieder entfernt und durch die Klasse *invisible* ersetzt.

```
<script type="text/javascript"
src="jquery-1.7.2.min.js"></script>

<script type="text/javascript">

  $(document).ready(function() {

    $('#content-nav a').focus(function() {
      $('#content-nav').removeClass('invisible');
      $('#content-nav').addClass('visible');
    });

    $('#content-nav a').focusout(function() {
      $('#content-nav').removeClass('visible');
      $('#content-nav').addClass('invisible');
    });

  });

</script>
```

Listing 5.13: Implementierung einer Aus- bzw. Einblendelogik

```
.visible {
  position: absolute;
  left: 20px;
  top: 20px;
  padding: 10px;
  background-color: #FAFAFA;
  border: dotted #DDDDDD 1px;
}
```

Listing 5.14: CSS-Klasse zum Anzeigen der Inhaltsnavigation

Navigationspfad

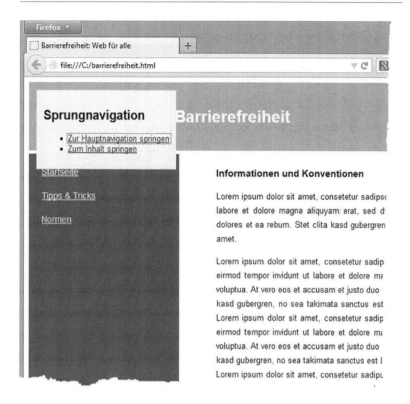

Abbildung 5.10: Inhaltsnavigation, eingebunden in einer Webanwendung

5.8 Navigationspfad

Der aktuelle Standort des Benutzers in einer Anwendung wird durch Hervorheben des aktiven Menüpunkts oder durch eine Überschrift verdeutlicht und angezeigt. Neben diesen visuellen Hinweisen über den aktuellen Standort sollte eine Webanwendung zudem einen Navigationspfad, auch bekannt unter der Bezeichnung *Breadcrumb Navigation*, auf der Webseite platziert werden.

5 – Layout und Struktur

HINWEIS: Die Bezeichnung Breadcrumb Navigation (Brotkrumenpfad) entstammt dem Märchen „Hänsel und Gretel", in dem die Protagonisten im Wald Brotkrumen verstreuten, um später wieder den Weg nach Hause zu finden.

Einsatz findet ein Navigationspfad in umfangreichen Webprojekten mit mehreren Navigationsebenen, die nicht alle von der Startseite zu erreichen sind. Die Breadcrumb Navigation unterstützt den Anwender dabei, ergänzend zur Seitennavigation, schnell und komfortabel zurück zu einer übergeordneten Ebene zu springen.

Platziert wird der Navigationspfad weit oben auf der Webseite. Optimal ist ein Platz direkt über dem eigentlichen Inhalt der Webseite. Es empfiehlt sich, einen Text ähnlich wie „Sie befinden sich hier: […]" der Navigation voranzustellen. Diesen Hinweis können Sie auch optisch ausblenden, sodass er nur von einem Screen Reader vorgelesen wird.

Getrennt werden die einzelnen Hierarchiepunkte häufig mit dem Zeichen für „größer als" (>). Der letzte Punkt im Navigationspfad ist immer die aktuelle Seite. Dieser Eintrag ist als einziger nicht mit einem Hyperlink hinterlegt. Alle anderen Einträge verlinken auf die jeweilige Webseite der Ebene. Listing 5.15 zeigt eine beispielhafte Implementierung einer Breadcrumb Navigation.

```
<div id="breadcrumb">
  <span>Sie befinden sich hier:</span>

  <ul>
    <li class="first"><a href="start.html">Startseite</a>
                                                    </li>

    <li><a href="barrierefreiheit.html">
    Barrierefreiheit</a></li>

    <li><a href="layout.html">Layout und Struktur</a></li>
```

Navigationspfad

```
<li><span class="current">Navigationspfad</span></li>
  </ul>
</div>
```

Listing 5.15: Implementierung einer Breadcrumb Navigation

Das Ergebnis ist eine herkömmliche Liste, die die einzelnen Hierarchieebenen der aufgerufenen Webseite auflistet (Abb. 5.11).

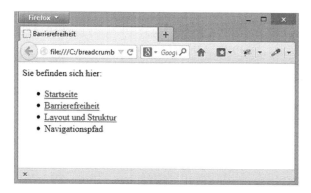

Abbildung 5.11: Reine HTML-Darstellung eines Navigationspfads

Anschließend können wir uns dem Layout und der Optik des Navigationspfads widmen. Das Ziel soll es sein, die einzelnen Ebenen nebeneinander statt wie bisher untereinander zu platzieren und das Zeichen der Aufzählung zu modifizieren (Listing 5.16).

```
#breadcrumb {
    font-size: .8em;
}

#breadcrumb ul {
    margin: 0;
    padding: 0;
}
```

5 – Layout und Struktur

```
#breadcrumb ul li {
    float: left;
    margin-left: 30px;
    list-style image: url(arrow.png);
}

#breadcrumb ul li.first {
    list-style: none;
    margin-left: 0;
}
```

Listing 5.16: Beispielhafte Gestaltung eines Navigationspfads

Nach der Modifikation der Breadcrumb Navigation mittels CSS erhalten wir ein Ergebnis wie in Abbildung 5.12 dargestellt.

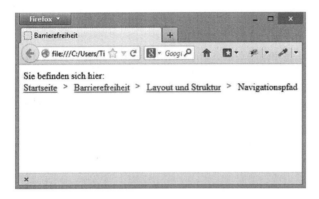

Abbildung 5.12: Beispiel für eine Breadcrumb Navigation (Navigationspfad)

5.8.1 Weitere Navigationshilfen

Die nachfolgenden Navigationshilfen sind nicht zwingend in jeder Webanwendung zu verbauen. Es handelt sich eher um eine Empfehlung bzw. um das Aufzeigen der Möglichkeiten, die man als Designer und Entwickler zur Verfügung hat, um die Navigation für einen Benutzer so bequem und einfach wie möglich zu gestalten.

Navigationspfad

Sitemap

Eine Sitemap stellt eine Übersichtsseite dar, die mit einem Inhaltsverzeichnis vergleichbar ist. Sie enthält Verweise auf jede einzelne Seite der Webanwendung, die mit einfachen Hyperlinks realisiert ist. Auch für Suchmaschinen ist solch eine Seite von großer Bedeutung, da sie Aufschluss über den kompletten Umfang des Angebots gibt.

Empfehlenswert ist es, die Hierarchieebenen der einzelnen Webseiten auch visuell sichtbar zu machen und mit verschachtelten Listen zu arbeiten. Im Prinzip handelt es sich hierbei um eine voll aufgeklappte komplette Seitennavigation, die alle Webseiten einer Webanwendung enthält und darauf verlinkt.

```
<h3>
   Inhaltsverzeichnis

   (<span lang="en" xml:lang="de">Sitemap</span>)
</h3>

<ul>
  <li>
    <a href="barrierefreiheit.html">Barrierefreiheit</a>

    <ul>
      <li>
        <a href="fakten.html">Fakten</a>
      </li>

      <li>
        <a href="htmlcss.html">HTML und CSS</a>
      </li>

      <li>
        <a href="diktion.html">Diktion und Sprache</a>
      </li>
    </ul>

  </li>
```

5 – Layout und Struktur

```
<li>
    <a href="seo.html">Suchmaschinen Optimierung</a>
</li>
</ul>
```

Listing 5.17: Beispielhafte Implementierung einer Sitemap

Index/Glossar

Ein Index bzw. ein Glossar ist in sehr großen Webanwendungen mit hohem Informationsgehalt sinnvoll. Hierbei handelt es sich um ein alphabetisch geordnetes Stichwortverzeichnis, das Verweise auf die entsprechenden Webseiten enthält, in denen das Stichwort thematisiert wird. Bei einer Webseite mit vielen verschiedenen Themengebieten bietet ein solches Stichwortverzeichnis eine gute Orientierungsfunktion.

Ein Stichwortverzeichnis wird technisch mit einer Definitionsliste umgesetzt (Listing 5.18).

```
<dl>
    <dt>Barrierefreiheit</dt>

    <dd>
        Unter Barrierefreiheit wird die Optimierung einer
        Sache im Hinblick auf Menschen mit Behinderung bzw.
        Handicap durchgeführt.
    </dd>
</dl>
```

Listing 5.18: Umsetzung eines Stichwortverzeichnisses mittels Definitionsliste

Kontextbasierte Hilfe

Eine Webanwendung, mit der viel interagiert werden kann, sollte kontextbasierte Hilfeseiten anbieten. Der Benutzer kann sich über die Hilfe informieren, welche Hilfsmittel von der Anwendung angeboten werden.

Navigationspfad

Werden zum Beispiel Funktionalitäten angeboten, um das Anwendungslayout, wie beispielsweise die Schriftgröße, anzupassen, sollte dies in der Hilfe beschrieben und erklärt werden. Weiterhin kann auf den Hilfeseiten beschrieben werden, wie die Anwendung aufgebaut und strukturiert ist, welche Navigationsmechanismen zur Verfügung stehen und wie bei Bedarf Kontakt zum Betreiber bzw. Administrator der Anwendung hergestellt werden kann.

Generell ist es empfehlenswert, eine allgemeine Orientierungshilfe und Hinweise auf Unterstützung von besonderen Hilfsmitteln im Hinblick auf Barrierefreiheit anzubieten. Auch eine Möglichkeit zum Senden eines Feedbacks zum Thema Barrierefreiheit ist von Vorteil. Bei sehr langen Hilfeseiten bietet es sich an, die einzelnen Kapitel mit einer Sprungmarke zu versehen oder den Inhalt auf mehrere Seiten zu verteilen.

Frequently Asked Questions

Häufig gestellte Fragen, das so genannte FAQ, ist eine Sammlung von Fragen, die immer wieder in Bezug auf eine Webanwendung auftauchen. Um sich und in erster Linie dem Benutzer das Schreiben einer Mail zu sparen, bietet das FAQ eine Möglichkeit, häufig gestellte Fragen mit passenden Antworten bereits auf einer Webseite zu veröffentlichen. Das spart dem Benutzer Zeit, da er nicht extra eine Mail mit seiner Frage an Sie schreiben muss.

Sowohl die Frage als auch die passende Antwort sind prägnant zu formulieren, damit der Anwender diese auch in der Liste der FAQs leicht findet. Für weitere Informationen kann über einen Hyperlink auf weiterführenden Inhalt bzw. eine Webseite verwiesen werden.

Die Sortierung der Fragen erfolgt nach der Häufigkeit, mit der die Frage an den Betreiber gestellt wurde. Bei langen Listen kann eine Gruppierung nach Themengebieten von Vorteil sein.

Auch für die Umsetzung eines FAQ eignet sich die Definitionsliste hervorragend (Listing 5.19).

5 – Layout und Struktur

```
<dl>
    <dt>Ist die Anwendung für Screen Reader optimiert?</dt>
    <dd>
        Die Anwendung wurde nach bestem Wissen und Gewissen für
        marktgängige Screen Reader optimiert.
    </dd>
</dl>
```

Listing 5.19: Umsetzung eines FAQs mittels Definitionsliste

5.9 Ladezeiten und Cache

Ein bisher noch stiefmütterlich behandeltes Thema ist die Ladezeit von Webanwendungen und wie man sie durch Caching optimieren kann. Ebenfalls fällt die lange Ladezeit einer Webanwendung unter Barrierefreiheit. Viele Entwickler vergessen gerne, dass es noch zahlreiche potenzielle Anwender gibt, die mit einer sehr langsamen Internetverbindung durchs Netz surfen. Häufig sind den Nutzern mit einer langsamen Verbindung die Hände gebunden, selbst wenn Sie sich eine schnellere Leitung wünschen, können die Provider sie meist nicht liefern, da das Anschlussgebiet einfach nicht ausreichend ausgebaut ist. Es bleibt den Nutzern leider nichts anderes übrig, als sich mit einer langsamen Internetverbindung zu arrangieren und zu hoffen, dass wir als Entwickler und Designer diesen Umstand in unserer Entwicklung berücksichtigen. In einer Zeit, in der Smartphones und Tablet-PCs überall zu finden sind und einen immer größeren Marktanteil erlangen, hat dieses Thema noch mehr Relevanz für Betreiber einer Webanwendung, denn die Verbindungsgeschwindigkeiten sind bei mobilen Endgeräten noch lange nicht so schnell wie bei einer herkömmlichen Internetleitung zum heimatlichen Computer.

Widmen wir uns also dieser Problematik im aktuellen Abschnitt dieses Buches. Ich möchte Ihnen aufzeigen, welche Möglichkeiten es gibt, Ladezeiten einzusparen und Webanwendung zu beschleunigen.

Ladezeiten und Cache

5.9.1 Caching

Das Bedürfnis, Webanwendungen zu beschleunigen und Ladezeiten zu verkürzen, besteht nicht erst seit gestern. Schon seit Applikationen das Internet erobert haben, sind lange Ladezeiten der Angebote immer wieder ein Thema. Gerade in der Anfangszeit des Internets, als man sich noch mit einem quietschenden und pfeifenden Modem in die große weite Datenwelt eingewählt hat, waren die langen Ladezeiten von Anwendungen und Websites immer wieder Thema. Heute durchleben wir eine ähnliche Situation, nachdem die Mobilgeräte Einzug in unseren Alltag gehalten haben.

Das Prinzip des Cachings, also das Zwischenspeichern von wiederkehrenden Inhalten in einem Puffer, ist nahezu genauso alt wie die ersten Webanwendungen. Es wird unterschieden zwischen dem clientseitigen und dem serverseitigen Caching (Abb. 5.13).

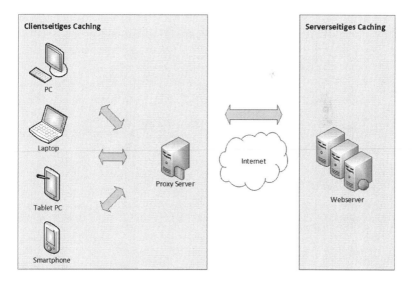

Abbildung 5.13: Cache-Arten in einer Client-Server-Umgebung

5 – Layout und Struktur

Serverseitiges Caching

Wie der Name schon sagt, handelt es sich beim Konzept des serverseitigen Cachings um einen Puffer auf Seiten des Servers. Inhalt dieses Abschnitts soll es nicht sein, Ihnen alle Details des serverseitigen Cachings zu vermitteln, sondern Ihnen lediglich einen Überblick über die Effekte und Auswirkungen dieses Caching-Konzepts zu geben. Ich möchte an dieser Stelle auch bemerken, dass die Konzepte und Möglichkeiten des serverseitigen Cachings auch je nach eingesetzter Programmiersprache und eingesetztem Webserver stark variieren.

Der Webserver hat im Allgemeinen die Aufgabe, Daten aus einer Datenquelle, beispielsweise einer Datenbank, zu laden, sie mit HTML aufzubereiten und das strukturierte HTML Markup an den Client zu senden. Seiten, die sich nicht so häufig verändern, werden vom Webserver in den Puffer gelegt, um nicht bei jeder Anfrage erneut einen Datenbankaufruf zu starten und die Seite zeitaufwändig neu aufzubauen. In der Praxis wird somit eine Webseite beim ersten Aufruf durch einen Benutzer neu aufgebaut und die Daten werden frisch aus der Datenquelle bezogen und aufbereitet. Beim zweiten Aufruf durch den gleichen oder einen anderen Nutzer wird dann sofort ohne erneuten Datenzugriff die im Puffer befindliche Webseite an die Clientseite übergeben. Diese Methode ist ein erster großer Schritt in Richtung Ladezeitverkürzung. Je nach eingesetzter Programmiersprache kann genau festgelegt werden, welche Webseiten im Cache abgelegt werden sollen und in welchem Zeitintervall die Seiten vom Server neu geladen und im Cache überschrieben werden sollen.

Clientseitiges Caching

Widmen wir uns nun der Anwenderseite, also den Möglichkeiten des clientseitigen Cachings. Hierbei können wir je nach Aufbau der IT-Infrastruktur noch einmal zwischen einem Proxy- und einem Client-Cache unterscheiden.

In vielen Unternehmen kommt ein Proxy Server zur Zugriffsteuerung der einzelnen angebundenen Clients auf das Internet zum Einsatz. Er ist zwischen den einzelnen Clients und dem Internet platziert. Er hat

Ladezeiten und Cache

zum einen die Aufgabe, ein- und ausgehende Verbindungen zu filtern, auf Viren zu überprüfen und den Zugriff auf festgelegte Websites wie beispielsweise soziale Netzwerke zu blocken. Darüber hinaus besitzt er aber auch den so genannten Proxy Cache. Darin werden häufig aufgerufene Internetseiten des Unternehmens bzw. dessen Belegschaft zwischengespeichert und gepuffert, um die Auslastung der Internetverbindung zu reduzieren. Der Proxy Server erkennt im besten Fall Webseiten, die besonders häufig aufgerufen werden und hält gezielt Inhalte von Websites im Puffer. Es ist also durchaus möglich, dass ein Anwender im Internet surft, die Leitung in die große Datenwelt aber nicht belastet, da die Inhalte bereits aus dem Proxy Cache an den Client übermittelt werden. Das verkürzt zum einen die Ladezeit einer Anwendung und schont zum anderen das Portemonnaie des Unternehmens, denn jedes über die Internetleitung transferierte Megabyte kostet dort bares Geld.

Unabhängig von der Existenz eines Proxy Servers und dessen Caching-Möglichkeiten besitzt der Webbrowser, über den der Anwender in letzter Instanz einer Applikation aufruft und öffnet, auch einen Zwischenspeicher für Webinhalte. Das Prinzip ist ähnlich dem des Proxy Caches. Auch der Cache des Browsers puffert den Inhalt von Websites und beschleunigt so beim erneuten Aufruf der gleichen Webseite die Ladezeit enorm. Der Browser-Cache ist der einzige Zwischenspeicher, den der Anwender selbst beeinflussen und einstellen kann. Es ist also durchaus möglich, dass ein Anwender seinen Cache deaktiviert oder den Speicherplatz des Puffers sehr gering konfiguriert hat. Wir als Webentwickler haben darauf wenig Einfluss und sollten immer im Hinterkopf behalten, dass wir diese Art des Caches nicht beeinflussen können. Pessimistisch betrachtet sollte man sich nicht darauf verlassen, dass auf der Anwenderseite durch die Verwendung eines Puffers viel Beschleunigungspotenzial einer Webanwendung auszuschöpfen ist.

Gerade der Proxy- also auch der Browser-Cache kann schnell zum Problem werden. Die Praxis zeigt immer wieder veraltete, zwischengespeicherte Stände von Webseiten in einem der beiden Puffer. Obwohl Sie in Ihrer Anwendung schon lange die Struktur oder die Daten einer Webseite geändert haben, wird beim Kunden oder Anwender immer noch der alte Stand angezeigt. Das ist durchaus als ernstzunehmende Barriere

5 – Layout und Struktur

anzusehen, der Sie glücklicherweise etwas entgegenwirken können. Die Lösung sind hier spezielle Metatags, mit denen Sie das Caching auf der Clientseite (Proxy und Browser) ein wenig steuern können (Listing 5.20).

```
<!DOCTYPE HTML>
<html>
  <head>
    <title>Barrierefreiheit: Web für alle</title>

    <meta http-equiv="cache-control" content="no-cache" />

    <meta http-equiv="pragma" content="no-cache" />
  </head>

  <body>
  </body>
</html>
```

Listing 5.20: Metatags zur Steuerung des Browser-Caches

Die in Listing 5.20 gezeigten Metatags sind in ihrer Funktion identisch, allerdings gibt es Browser, die nur eine der beiden Anweisungen interpretieren können. Aus diesem Grund empfiehlt es sich, immer beide Metatags im Kopfbereich einer HTML-Webseite zu platzieren. Leider haben Sie hiermit nur die Möglichkeit, das Caching einer Webseite gänzlich zu unterdrücken. Eine Möglichkeit, die Lebensdauer von Inhalten im Puffer zu begrenzen, gibt es leider nicht. Das kann bestenfalls nur im Browser oder Proxy Server selbst konfiguriert werden.

Caching externer Inhalte

Gesondert zu betrachten sind Inhalte und Ressourcen, die in eine Webseite inkludiert werden. Hierzu zählen beispielsweise JavaScript- und CSS-Dateien sowie Bilder und andere Medien.

Gerade bei JavaScript und CSS ist es wichtig zu wissen, dass Code, der direkt in eine Webseite implementiert ist, beispielsweise im <body>-Element, auch bei jedem Seitenaufruf immer wieder neu mitgeladen wird. Das kann

Ladezeiten und Cache

zu stark erhöhten Ladezeiten einer Webseite führen. Geschickter ist es, CSS, als auch JavaScript, in externe Dateien auszulagern und dann in eine Webseite einzubinden. Somit erzielen Sie erstens eine Trennung zwischen dem eigentlichen HTML Markup und anderen Erweiterungen wie JavaScript und CSS, und zweitens werden diese extern eingebundenen Dateien separat vom Browser oder Proxy gepuffert. Machen wir uns dieses Vorgehen und die daraus resultierenden Vorteile anhand eines Beispiels klar.

Nehmen wir an, wir haben sowohl CSS- als auch JavaScript-Code, der in alle Webseiten einer Anwendung eingebunden werden soll. Schlecht wäre es jetzt, den Code in alle Webseiten der Anwendung zu kopieren, denn das bläht die Seiten bzw. das Markup unnötig auf und erhöht die Ladezeit enorm. Besser ist es, den Code in eine externe Datei auszulagern und sie dann in die einzelnen Seiten zu inkludieren (Abb. 5.14). Jetzt haben der Proxy Server oder der Browser die Möglichkeit, diese Dateien einzeln und unabhängig von der einzelnen Webseite zwischenzuspeichern. Egal, welche Seite nun auf die jeweilige externe Datei verweist, sie kann problemlos aus dem Cache geladen und muss nicht neu vom Webserver angefordert werden.

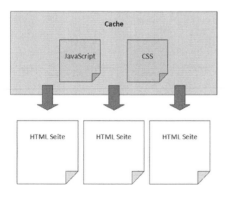

Abbildung 5.14: Puffern von extern eingebundenen Dateien

Der Vollständigkeit halber zeigt Listing 5.21 die korrekte Syntax zum Einbinden von CSS- und JavaScript-Ressourcen.

5 – Layout und Struktur

```
<!DOCTYPE HTML>
<html>
  <head>
    <title>Barrierefreiheit: Web für alle</title>
    <link rel="stylesheet" type="text/css"
          href="stylesheet.css" />
    <script language="javascript" type="text/javascript"
            src="javascript.js"></script>
  </head>

  <body>
  </body>
</html>
```

Listing 5.21: Einbinden externer Ressourcen in eine Webseite

5.9.2 Quellcodekomprimierung

Mittels Caching und dem Puffern von Webseiten haben wir schon einen sehr großen Schritt in die richtige Richtung getan. Alleine durch die im letzten Schritt beschriebenen Maßnahmen sollte sich die Ladezeit einer Webanwendung deutlich verbessern. Gehen wir nun aber einen Schritt weiter und beschäftigen uns mit einer weiteren Stellschraube, um den Aufruf einer Webseite weiter zu beschleunigen. Gerade große CSS- und JavaScript-Dateien können neben der eigentlich HTML-Seite auch viel Speicherplatz und somit viel Datenvolumen bei dessen Übertragung in Anspruch nehmen. Bei Bildern und anderen Medien ist es offensichtlich, dass man sie im Web so gut wie möglich komprimieren sollte, um das Laden einer Webseite zu beschleunigen. Genau das kann auch mit externen Skript- und Style-Dateien gemacht werden, um deren Dateigröße zu minimieren.

Jedes Zeichen, das in einer Datei enthalten ist, verbraucht Speicherplatz. Dazu gehören auch Leerzeichen, Zeilenumbrüche und Tabs. Möchte man also eine solche Datei komprimieren, ist es der erste Schritt, alle unnötigen, zur Ausführung nicht relevanten Zeichen zu entfernen.

Ladezeiten und Cache

Der zweite Schritt besteht darin, möglichst viele weitere Zeichen einzusparen. Ein großes Potenzial hierfür bieten Variablenbezeichnungen, die man auf lediglich einen Buchstaben reduzieren kann. Jetzt werden viele Entwickler aufschreien, dass das gegen die Regeln der Programmierung verstoße und Variablen möglichst sprechend zu bezeichnen seien. Dem möchte ich auch nicht wiedersprechen, allerdings eine Alternative anbieten. Wie wäre es, wenn Sie eine Version der externen Datei halten, die Sie wie gewohnt mit Tabs, korrekten Variablennamen, Leerzeichen etc. strukturieren können. Dann nehmen Sie diese Version, komprimieren sie und laden die zusammengestauchte Version auf den Webserver.

Damit Sie nicht immer mühevoll bei jeder Änderung eine Komprimierung von Hand durchführen müssen, möchte ich Ihnen an dieser Stelle ein Tool an die Hand geben, das die Komprimierung übernimmt. Tobias Glomb stellt auf seiner Webseite einen kostenlosen Helfer bereit, mit dem sich JavaScript, CSS und HTML komprimieren lassen: *http://www. seo-ranking-tools.de/javascript-compressor-cruncher.html*.

Es hat sich etabliert, komprimierte Dateien mit einem Kürzel zu versehen. Beispielsweise würde man die komprimierte Version der Datei *stylesheet.css* in *stylesheet.min.css* umbenennen.

Auch wenn bisher nur die Rede von komprimierten CSS- und JavaScript-Dateien war, auch HTML Markup lässt sich wunderbar zusammenfassen und damit lassen sich nochmals Ladezeiten einsparen.

PROFITIPP: Das Prinzip der Komprimierung hat zudem den Charme, dass der jeweilige Code für Dritte nicht mehr lesbar und wiederverwendbar ist. HTML, CSS und JavaScript sind bekanntlich quelloffen, damit für jeden einsehbar und theoretisch auch zu kopieren. Eine Komprimierung macht eine ungewollte Wiederverwendung durch Dritte nahezu unmöglich.

5 – Layout und Struktur

5.10 Pop-ups

Ein kontrovers diskutiertes Thema ist die Nutzung von Pop-up-Fenstern in einer Webanwendung. Beeinträchtigt ein neues Fenster die Barrierefreiheit eines Angebots oder spricht nichts gegen eine Verwendung? Diese Frage möchte ich in diesem Abschnitt klären.

Zunächst gilt es, zwei Arten von Pop-up-Fenstern zu unterscheiden:

- Ein Fenster, das über einen Hyperlink geöffnet wird und eine komplett andere Website darstellt
- Ein Fenster, in das Programmteile (z. B. die Bearbeitung von Elementen) ausgelagert werden

Widmen wir uns zuerst den Pop-up-Fenstern, die ausschließlich Fragmente eines Programms aus der eigentlichen Webseite herauslösen. Das kann nicht im Sinne der Barrierefreiheit sein, denn diese fordert, dass eine Anwendung stets kompakt und logisch aufgebaut sein soll. Stellen Sie sich eine Liste vor, die alle Produkte eines Unternehmens auflistet. Neben jedem Produkt ist ein Hyperlink mit der Bezeichnung *Bearbeiten*, der ein Pop-up öffnet, in dem ein Formular eingebettet ist, um den gewählten Eintrag zu bearbeiten. Das würde gerade Benutzer mit einem Screen Reader in die Irre führen, da diese in einem neuen Fenster landen und die *Zurück*-Funktion des Browsers nicht nutzen können. Zudem wundert sich der Anwender darüber, dass im aktuellen Fenster plötzlich keine Seitennavigation mehr verfügbar ist und sich unter Umständen die komplette Struktur der Seite geändert hat. Aus diesem Grund ist auf Pop-ups zum Zwecke der Auslagerung von Programmteilen zu verzichten.

Schwieriger wird es bei der zweiten Art eines Pop-ups, dem Öffnen einer anderen Website in einem neuen Fenster. Hier gehen die Meinungen der Spezialisten auseinander. Eine neue Website in einem neuen Fenster zu öffnen soll signalisieren, dass der Inhalt des neuen Fensters nicht zum aktuellen Angebot gehört. Andererseits könnte das den Anwender auch verwirren, da die *Zurück*-Funktion des Browsers außer Kraft gesetzt wird und er nicht gleich erkennt, dass er nun in einem anderen Fenster gelandet ist.

Pop-ups

5.10.1 Kritik an Pop-up-Fenstern

Die BITV definiert eine Bedingung 10.1, die besagt, dass neue Fenster aus einer Anwendung heraus zu vermeiden sind. Falls darauf nicht verzichtet werden kann, sind sie innerhalb des Linktexts zumindest anzukündigen (Listing 5.22).

```
<a href="http://www.bikonline.info" target="_blank">
  BIK - barrierefrei informieren und kommunizieren
  (Neues Fenster)
</a>
```

Listing 5.22: Barrierearmer Link zum Öffnen eines Pop-ups

Die Ankündigung eines Pop-ups ist gleich aus mehreren Gründen notwendig:

- Ältere Screen Reader können teilweise neue Browserfenster nicht erkennen. Für den Anwender passiert nach dem Aktivieren eines Links scheinbar nichts, weil er über das Öffnen eines neuen Fensters nicht informiert wird. Der Nutzer muss explizit das neue Fenster auswählen, um den Inhalt darin vorlesen lassen zu können. Wenn er über dessen Existenz aber keine Information bekommt, wird es für ihn schwierig herauszufinden, was genau nun zu tun ist.

- Ein weiteres Problem ergibt sich für Nutzer einer Vergrößerungssoftware. Wenn der Anwender einen Link anklickt, der ein neues Fenster öffnet, und dieses Fenster dann nicht zufällig im angezeigten Bereich liegt, kann das Pop-up schnell übersehen und nicht bemerkt werden. Es scheint also auch hier, dass nach dem Klick auf den Link nichts passiert ist.

- Pop-ups werden oft zu Werbezwecken eingesetzt. Öffnet sich nun ein Fenster, das für den weiteren Programmablauf relevant ist, kann der Nutzer dies auf den ersten Blick nicht von einem lästigen Werbefenster unterscheiden. Deshalb blockieren viele Webbrowser auch das Öffnen eines neuen Fensters aus einer Anwendung heraus. In diesem Fall hat es für den Nutzer auch wieder den Anschein, als ob nach dem Klick auf einen Link nichts passiert.

5 – Layout und Struktur

Die vorgenannten Gründe sprechen sehr dafür, dass Pop-ups möglichst nicht zum Einsatz kommen sollten. Es soll an dieser Stelle jedoch nicht verschwiegen werden, dass moderne Screen Reader und Vergrößerungssysteme neue Fenster erkennen und sie dann auch fokussieren. Zumindest aus dieser Sicht ist das Kriterium der BITV nicht mehr allzu kritisch zu betrachten. Die Argumente der Verwirrung und der aktiven Pop-up-Blocker bleibt jedoch weiterhin bestehen.

5.10.2 Sinnvoller Einsatz von Pop-ups

Damit Sie nicht behaupten können, ich hätte mich zu diesem Thema nicht geäußert, möchte ich auch Situationen benennen, in denen Popups sinnvoll eingesetzt werden können.

Es gibt Situationen, die sich mit einem Pop-up-Fenster besser lösen lassen, wie beispielsweise eine Onlinehilfefunktion. Ein weiteres Beispiel ist die Detailansicht in einer Bildergalerie. Ihre Webanwendung stellt eine Liste von Miniaturansichten der Bilder zur Verfügung, und beim Klick auf eine solche Vorschau öffnet sich das Bild in voller Größe in einem Pop-up. Beim Öffnen von Multimediainhalten wie beispielsweise Videos, Audiodateien oder PDF-Dokumenten mag der Einsatz eines Pop-ups sinnvoll sein.

Kritisch zu betrachten ist ein Link zu anderen Webauftritten, der sich dann in einem neuen Fenster öffnet. Wie der Verweis auf eine weitere Website behandelt werden soll, sollte allein der Benutzer entscheiden.

MEINUNG: Meiner Meinung nach sollten Verlinkungen zu anderen Webauftritten ganz normal im gleichen Fenster wie die eigene Anwendung geöffnet werden. Wenn dies von Anwender nicht gewünscht ist, kann er über seinen Browser steuern, ob der Link in einem neuen Tab oder einem neuen Fenster geöffnet werden soll. Somit liegt die Entscheidungsgewalt allein beim Nutzer.

Pop-ups

Die Lightbox

Vielleicht haben Sie im vorherigen Abschnitt erkannt, dass ich trotz einiger guter Argumente nicht sehr begeistert von Pop-up-Fenstern bin. Das liegt schlicht daran, dass ich hierfür noch eine bessere Alternative im Kopf habe, die ich gerne an dieser Stelle vorstellen möchte: die Lightbox (Abb. 5.15).

Abbildung 5.15: Lightbox in einer Galerie

Die Lightbox verhält sich im Prinzip wie ein Pop-up. Das neue Fenster, das im Fall der Lightbox nur ein einfacher HTML-Container ist, legt sich über den eigentlichen Inhalt der Seite. Das geschieht mittels JavaScript und CSS. Der Anzeigebereich der Anwendung wird verdunkelt, solange die Lightbox geöffnet ist. Auch sämtliche Maus- und Tastatur-Events

5 – Layout und Struktur

werden solange auf der verdunkelten Fläche blockiert. Diese Lösung hat den Charme, dass sich kein neues Fenster öffnet, sondern es wird lediglich eine neue Anzeigeschicht über die bestehende Anwendung gelegt.

Selbstverständlich gibt es auch hier wieder einige Dinge im Hinblick auf die Barrierefreiheit zu beachten:

- Auf Endgeräten, die kein JavaScript interpretieren können, ist diese Lösung nicht lauffähig.

- Der aktuelle Fokus muss in die geöffnete Lightbox gelegt werden, damit der Nutzer eines Screen Readers weiß, dass es an dieser Stelle für ihn weitergeht.

- Der Inhalt der Lightbox sollte im ungeöffneten Zustand nicht auf der Seite zu sehen sein (*display: none; visibility: hidden;*). Damit ist gewährleistet, dass man mit dem Screen Reader nicht zufällig im Code der Lightbox landet.

- Die Lightbox muss leicht zu schließen sein, entweder durch eine offensichtliche *Schließen*-Schaltfläche oder einen Klick auf den abgedunkelten Bereich der Webanwendung.

- Der Nutzer eines Screen Readers sollte vor dem Erreichen des Links, der die Lightbox öffnet, darüber informiert werden, was genau nach dem Bestätigen des Verweises passiert. Es empfiehlt sich, den Linktext mit einem entsprechenden Hinweis zu erweitern, z. B. „Produkt 4711 bearbeiten (Öffnet einen Dialog)". Wer sich jetzt sträubt, diesen Verweis in einem Link unterzubringen, den verweise ich auf den Abschnitt *Inhalte verbergen*.

PROFITIPP: Damit man das Rad nicht gänzlich neu erfinden muss, gibt es einige freie JavaScript-Bibliotheken, die bereits eine Lightbox zur Verfügung stellen. Am besten lässt sich der Dialog, der in der jQuery-UI-Bibliothek (*jqueryui.com/dialog/*) enthalten ist, mit dem Anspruch auf Barrierefreiheit vereinbaren.

---

6 Diktion und Sprache

In den vorherigen Kapiteln haben wir uns zumeist mit optischen und strukturellen Themen einer Webanwendung befasst. Nun kümmern wir uns im Detail um den eigentlichen Inhalt einer jeden Webseite und beleuchten die Bedürfnisse der Barrierefreiheit im Hinblick auf Diktion und Sprache.

6.1 Barrierefrei texten

Unter den Begriff der Barrierefreiheit fallen weit mehr als nur die technische Optimierung von Webanwendungen und die Gewährleistung auf Zugänglichkeit mittels verschiedener Hilfsmittel. Barrieren können auch gerade bei Texten entstehen, die unter den Gesichtspunkten der Barrierefreiheit nicht optimiert wurden. Denken wir hierbei an Menschen mit Sehschwäche oder geistigen Behinderungen. Gerade diese Zielgruppe ist auf klare, einfache, kurze und gut verständliche Texte angewiesen. Manchmal kommen auch Menschen ohne Behinderung an der Barriere eines zu komplexen, verwobenen Texts ins Straucheln. Von einer Optimierung der in einer Webanwendung befindlichen Texte profitieren also alle Anwender.

PROFITIPP: Einfach geschriebene Texte können neben Menschen mit Behinderung auch leichter von Suchmaschinen interpretiert und klassifiziert werden. Das führt nicht selten zu einem höheren Ranking bei einem Suchergebnis in einer Suchmaschine.

6.1.1 KVA – Kurz, verständlich, ansprechend

Handelt man nach dem einfachen KVA-Prinzip, hat man schon viel für die Barrierefreiheit getan. Schlicht und einfach geschriebene Texte, die

6 – Diktion und Sprache

alles Wissenswerte enthalten, sind dienlicher als kompliziert formulierte Fassungen einfacher Sachverhalte.

Wenn man eine Sprache wählt, die jeder versteht, auch komplizierte Sachverhalte mit einfachen Worten beschreibt und beim Schreiben immer die Zielgruppe im Auge behält, dann ist der Weg zum barrierefreien Text nicht mehr weit.

Texter sollten versuchen, folgende Dinge zu vermeiden:

- Fremdwörter
- Redundanzen
- Überlange zusammengesetzte Wörter
- Überlange Schachtelsätze
- Abkürzungen
- Füllwörter
- Komplizierte Metaphern und abstrakte Begriffe

Beherzigt man diese Empfehlungen, ist man der Barrierefreiheit ein ganzes Stück näher gekommen.

> **PROFITIPP:** Lesen Sie den geschriebenen Text laut vor oder lassen Sie ihn sich vorlesen. Hierbei lassen sich überflüssige Formulierungen und Holprigkeiten schneller identifizieren und ausbessern.

Das KISS-Prinzip (Keep it short and simple) definiert noch einmal kurz und prägnant, dass Texte im Web in jedem Fall kürzer ausfallen sollen als die auf Papier geschriebene Version. Je kürzer, desto besser. Bedenken Sie, dass viele sehbehinderte Menschen Texte zur besseren Lesbarkeit vergrößern. Sehr lange Texte sind im skalierten Zustand unkomfortabel zu lesen.

6.1.2 Die vier Merkmale der Verständlichkeit

Das Hamburger Verständlichkeitskonzept ist Anfang der 70er-Jahre entstanden und bewertet die Verständlichkeit von Texten und sonstigen Veröffentlichungen. Der Inhalt wird nach den Kriterien Einfachheit, Gliederung, Prägnanz und Anregung analysiert und bewertet.

Einfachheit

Hier geht es hauptsächlich um die Satzlänge und geläufige Begriffe. Werden Fremdworte angemessen verwendet und ausführlich erklärt und die behandelten Sachverhalte einfach dargestellt? Sätze sollten in der Regel 9 bis 13 Wörter enthalten und nach Möglichkeit aus kurzen Wörtern (maximal dreisilbig) bestehen.

Gliederung

Texte, die inhaltlich folgerichtig aufgebaut und strukturiert sind, können besser verstanden werden. Es sollte stets ein roter Faden erkennbar sein und sich durch den Text hindurchziehen. Der Text ist optisch zu gliedern und durch Überschriften, Formatierungen, Aufzählungen etc. anzureichern. In einem Satz sollte maximal ein Gedanke beschrieben werden. Das Wesentliche platzieren Sie am Anfang des Texts und eines Satzes.

Prägnanz

Ein verständlicher Text zeichnet sich durch einen Inhalt aus, der weder weitschweifig noch gedrängt erscheint. Beide Merkmale würden das Verständnis des Texts unnötig erschweren. Das Informationsziel sollte stets zu erkennen sein. Verwenden Sie Verben statt Substantivierungen sowie eine bildhafte Sprache, die jedem verständlich ist.

Anregung

Anregende Zusätze wie Beispiele, Illustrationen, Analogien sowie die persönliche Ansprache des Lesers können die Verständlichkeit eines Texts verbessern. Sie sollten diese Mittel allerdings mit Bedacht einsetzen und es dabei nicht übertreiben.

6 – Diktion und Sprache

6.1.3 Bewertung der Verständlichkeit

Die Kriterien des Hamburger Verständlichkeitskonzepts lassen sich anhand von konkreten Kriterien bewerten. Die Bewertung erfolgt anhand von Eigenschaftspaaren wie zum Beispiel „verständliche Formulierung – unverständliche Formulierung" oder „geläufige Wörter – ungeläufige Wörter". Für jedes der vier Kriterien gibt es eine Tabelle mit Eigenschaftspaaren, die Sie mit einem Skalenwert von „++" bis „--" bewerten können (Tabelle 6.1 – 6.4).

	++	+	0	-	--	
Einfache Darstellung						Komplizierte Darstellung
Kurze, einfache Sätze						Lange, verschachtelte Sätze
Geläufige Wörter						Nicht geläufige Wörter
Fachwörter erklärt						Fachwörter nicht erklärt
Konkret						Abstrakt
Anschaulich						Nicht anschaulich

Tabelle 6.1: Eigenschaftenpaare für „Einfachheit"

	++	+	0	-	--	
Gegliedert						Ungegliedert
Folgerichtig						Zusammenhanglos
Übersichtlich						Unübersichtlich
Gute Trennung des Wesentlichen vom Unwesentlichen						Schlechte Trennung des Wesentlichen vom Unwesentlichen
Roter Faden bleibt sichtbar						Roter Faden verliert sich
Alles schön der Reihe nach						Alles geht durcheinander

Tabelle 6.2: Eigenschaftenpaare für „Gliederung"

Barrierefrei texten

	++	+	0	-	--	
Zu Kurz						Zu lang
Aufs Wesentliche beschränkt						Viel Unwesentliches
Gedrängt						Breit
Aufs Informationsziel konzentriert						Abschweifend
Knapp						Ausführlich
Jedes Wort ist notwendig						Viele Wörter sind überflüssig

Tabelle 6.3: Eigenschaftenpaare für „Prägnanz"

	++	+	0	-	--	
Anregend						Nüchtern
Interessant						Farblos
Abwechslungsreich						Langweilig
Persönlich						Unpersönlich

Tabelle 6.4: Eigenschaftenpaare für „Anregung"

Sie starten bei der Bewertung mit dem Block der „Einfachheit". Bewerten Sie den Text kritisch nach den in Tabelle 6.1 aufgezeigten Kriterien und bilden Sie danach den statistischen Durchschnitt. Bevor Sie die Bewertung starten, beachten Sie die Hinweise zu den Skalenwerten in Tabelle 6.5.

Wir sind es gewohnt, die Skalenwerte „+" und „-" mit den Bewertungen „gut" und „schlecht" zu assoziieren. Diese Bewertung gilt hier ausdrücklich nicht, wie Tabelle 6.5 unterstreicht.

6 – Diktion und Sprache

++	+	0	-	--
(Nahezu) alle Eigenschaften der linken Seite treffen zu	Die Eigenschaften der linken Seite überwiegen	Die Eigenschaften der linken und der rechten Spalte halten sich die Waage	Die Eigenschaften der rechten Spalte überwiegen	(Nahezu) alle Eigenschaften der rechten Seite treffen zu

Tabelle 6.5: Skalenwerte für die Bewertung der Verständlichkeit

Wenn Sie die Bewertung des Merkmals „Einfachheit" abgeschlossen haben, fahren Sie mit den verbleibenden drei Merkmalen fort.

Nun möchte ich Ihnen erklären, wie die Ergebnisse zu bewerten sind. Das Optimum für die Verständlichkeit ist nicht immer eine Bewertung von „++". Lediglich die Merkmale „Einfachheit" und „Gliederung" sind am besten mit „++" bewertet. Bei den Merkmalen „Prägnanz" und „Anregung" sollte man sich bei „0" einpendeln, denn das ist für diese beiden Kriterien das Optimum.

Merkmal	Optimum
Einfachheit	++
Gliederung	++
Prägnanz	0
Anregung	0

Tabelle 6.6: Optima der Merkmale des Hamburger Verständlichkeitskonzepts

Dieses Bewertungsverfahren kann auf sämtliche Texte einer Anwendung angewendet werden und macht so die Inhalte eines Angebots vergleichbar. Gerade nach einer Optimierung kann man so das Ergebnis der Verbesserungen gut vergleichen.

Bei der Gesamtbewertung für einen Text müssen Sie berücksichtigen, dass die Merkmale „Einfachheit" und „Gliederung" für die Verständ-

Formatierung und Darstellung

lichkeit maßgebend sind. Die Merkmale „Prägnanz" und „Anregung" sind zwar ebenfalls wichtig, sie können jedoch nicht gegen einen Mangel in den beiden wichtigen Merkmalen aufgewogen werden.

Für die stabile und vergleichbare Bewertung nach dem Hamburger Verständlichkeitskonzept brauchen Sie viel Erfahrung und Übung. Das soll Sie als Webentwickler und Designer aber nicht davon abhalten, sich mit diesem Thema auseinanderzusetzen. Webredakteure kommen meiner Ansicht nach an diesem Thema nicht vorbei, wenn sie Wert auf barrierefreie und verständliche Texte und Formulierungen legen.

6.2 Formatierung und Darstellung

Einen überlangen Fließtext möchte niemand lesen, schon gar nicht am Bildschirm oder auf einem mobilen Gerät. Das menschliche Auge braucht Sprungmarken, Fixpunkte, an denen es sich orientieren kann.

6.2.1 Absätze

Absätze gliedern einen langen Text in logische Bereiche bzw. Blöcke. Wichtig ist es, hier die richtige Zeilenlänge zu finden. Es sollte zu jedem Zeitpunkt problemlos möglich sein, an den Anfang der Zeile zurückzufinden. Im Übrigen sind zu kurze Zeilen ebenfalls störend, und zu viele Zeilenumbrüche lenken vom eigentlichen Inhalt des Texts ab. Ein Absatz stellt immer einen Sinnzusammenhang dar.

6.2.2 Überschriften

Überschriften sind optische Sprungmarken im Textfluss. Sie sollten kurz und prägnant sein und aussagekräftige Stichwörter über den darunter folgenden Inhalt beinhalten. Hierbei gilt: Großer, fetter Text macht noch lange keine Überschrift.

6 – Diktion und Sprache

Überschriften und Zwischenüberschriften sind Eye Catcher, die die Aufmerksamkeit des Anwenders erregen sollen. Idealerweise vermittelt eine Überschrift bereits einen ersten Eindruck über den darunter folgenden Text. Überschriften stellen die Gliederung eines Texts dar und sind als Beschreibung für die jeweiligen Textebenen anzusehen. Sie helfen dem Leser, sich einen Überblick über den vorliegenden Text zu verschaffen und ihn für die persönliche Relevanz bewerten zu können.

Die Wahl eines qualifizierenden Überschrifttexts und gar nicht so leicht. Optimal ist es, wenn die Überschrift alle wichtigen Schlagworte enthält, die in dem darauf folgenden Text näher erläutert werden. Die folgende Auflistung gibt Ihnen einen Anhaltspunkt, nach welchen Kriterien eine Überschrift als barrierefrei gilt:

- Verwenden Sie bekannte Begriffe, vermeiden Sie schwierige oder nicht geläufige Wörter

- Bringen Sie kurz und prägnant auf den Punkt, um was es geht, und vermeiden Sie Füllwörter

- Stellen Sie wichtige Begriffe an den Anfang des Überschriftentexts; damit vereinfachen Sie die Erfassung der Überschrift für den Screen-Reader-Nutzer oder den langsamen Leser

- Erklären Sie den Inhalt des folgenden Texts; das kann durch eine Fragestellung zusammengefasst sein

- Beschränken Sie sich auf Tatsachen und vermeiden Sie Missverständnisse

- Überschriften sollten auf einer Seite nicht doppelt verwendet werden

- Belassen Sie die Länge einer Überschrift möglichst so, dass sie in eine Zeile passt

Es spielt keine Rolle, ob eine Überschrift nur aus einem Wort oder einem ganzen Satz besteht, solange man sich hierbei auf das absolut Wesentliche beschränkt. Es sei an dieser Stelle noch einmal erwähnt, dass das Auslassen einer Überschriftenebene eine sehr große Barriere darstellt

Schriften

und unbedingt darauf zu achten ist, dass alle übergeordneten Ebenen einer Überschrift im Dokument vorhanden sind. Es ist ebenfalls nicht korrekt, dass eine Überschriftenebene ausschließlich aus einem Punkt besteht. Ausnahme ist hier die Überschrift <h1>, die legitim nur einmal auf der Seite auftauchen darf. Eine Überschrift der zweiten Ebene sollte folglich also mindestens zweimal auf der Seite auftauchen, ansonsten sollten Sie die Sinnhaftigkeit Ihrer Gliederung nochmals überdenken.

6.2.3 Bilder

Bilder in Grafiken lockern einen Text auf. Ein bewährtes Mittel, um einen Text attraktiver zu gestalten, ist es, ein Bild am linken bzw. rechten Rand in den Textfluss einzubauen. Hierbei ist darauf zu achten, dass die verwendeten Bilder mit einem Alternativtext versehen werden.

6.2.4 Unterstreichungen, Kursiv- und Fettschrift

Grundsätzlich gilt, dass auf Unterstreichungen in einem Text zu verzichten ist. Ausnahmen stellen Hyperlinks dar, die als einziges Element in einem Text unterstrichen werden sollten.

Auf kursive Formatierung eines Schriftzugs ist komplett zu verzichten, da dies als besonders schwierig zu entziffern gilt und für viele Sehbehinderte ein großes Problem darstellt.

Auf Fettschrift sollte nur bei besonders wichtigen Wörtern zurückgegriffen werden. Zudem ist die Fettschrift mit Bedacht einzusetzen. Hinterfragen Sie, ob das als fett markierte Wort wirklich so essenziell für das Inhaltsverständnis ist, wie Sie es zunächst angenommen haben.

6.3 Schriften

Im Hinblick auf barrierefreies Webdesign ist das Thema Schriften ein sehr wichtiger Punkt, dem ich mich an dieser Stelle ausführlich widmen möchte.

6 – Diktion und Sprache

6.3.1 Schriftgrößen

Gerade für ältere Menschen und Nutzer mit leichter Sehbehinderung ist es immens wichtig, Schriftgrößen bedürfnisorientiert einstellen und anpassen zu können.

Schriftgrößen können sowohl absolut als auch relativ angegeben werden. Viele Designer und Entwickler entschließen sich, die Schriftgröße mittels einer festen Pixelanzahl absolut zu definieren. Das führt bei der Verwendung der *Skalieren*-Funktion der meisten Browser aber zu Problemen. Wird eine Webseite, bei der die Schriftgrößen absolut angegeben sind, mit dieser Funktion vergrößert oder verkleinert, löst sich das Layout meist in Wohlgefallen auf, die einzelnen Designelemente passen nicht mehr zueinander und sind total verschoben.

Das verhindert man mit der Angabe von relativen Schriftgrößen. Relative Schriftgrößen werden entweder mit der Maßeinheit *em* (bezogen auf die Schriftgröße des Elternelements; 1.3 em entsprechen dann 130 % der Schriftgröße des Elternelements) oder in % (Prozentwert) angegeben. Für welche Notation man sich entscheidet, bleibt jedem Entwickler selbst überlassen. Für den weiteren Verlauf dieses Abschnitts habe ich mich für die Angabe in *em* entschieden.

Es empfiehlt sich, auf der Ebene des <body>-Elements per CSS eine Schriftart und eine Schriftgröße zu definieren, die anwendungsweit als Standard genutzt werden sollen (Listing 6.1). Hier ist es völlig legitim, die Schriftgröße in Pixel anzugeben. Alle weiteren Elemente werden sich dann in Relation zu dieser Größenangabe skalieren.

```
body {
  font-family: 'Open Sans', sans-serif;
  font-size: 13px;
  color: #282828;
}
```

Listing 6.1: Definition einer Schriftgröße und -art als Webseitenstandard

Schriften

Nun möchten wir eine Navigation, wie sie in Listing 6.2 beispielhaft dargestellt ist, optisch aufbereiten und die Menüpunkte mit einer größeren Schrift versehen als den Standardtext.

```
<nav class="mod-navigation">
  <ul id="menu">
    <li><a href="index.html">Startseite</a></li>
    <li><a href="contact.html">Kontakt</a></li>
    <li><a href="about.html">Über die Firma</a></li>
  </ul>
</nav>
```

Listing 6.2: Navigation einer Webanwendung

Kommen wir nun zum eigentlich spannenden Teil, dem CSS-Code (Listing 6.3). Ich habe mich hier für eine horizontale Anordnung der Navigationspunkte entschieden und alle *<li>*-Elemente in einen linken Fluss gesetzt, damit sie nebeneinander platziert werden. Die Schriftgröße der einzelnen Navigationspunkte habe ich dann am *<a>*-Element definiert und auf *1.1 em*, also 110 %, festgelegt. Somit werden die Menüpunkte immer etwas größer dargestellt als der Standardtext. Vergrößert man nun mit der *Skalieren*-Funktion die Darstellung der Webseite, wird die Navigation immer im Verhältnis zur Standardschriftgröße skaliert, und das Layout behält automatisch seine Proportionen. Nichts wird verschoben oder durcheinandergewürfelt.

```
.mod-navigation ul {
  list-style: none;
}

.mod-navigation ul li {
  float: left;
}

.mod-navigation ul a:link,
.mod-navigation ul a:visited,
```

6 – Diktion und Sprache

```
.mod-navigation ul a:active  {
    font-size: 1.1em;
    display: inline-block;
    padding: 0.4em 20px;
    color: #ffffff;
    text-decoration: none;
}

.mod-navigation ul a:hover {
    background-color: #000000;
}
```

Listing 6.3: CSS-Code zur optischen Aufbereitung der Navigation

Genau so wie im oben gezeigten Beispiel verfahren Sie auch mit anderen Modulen und Inhaltsbereichen, deren Schriftgröße Sie anpassen möchten.

Eigene „Skalieren"-Funktion

Als die Webbrowser selbst noch nicht so weit entwickelt waren und eine eigene eingebaute, gut funktionierende *Skalieren*-Funktion hatten, war es gang und gäbe, eine eigene Funktionalität zu entwickeln, die für das Skalieren einer Webseite zuständig ist. Diese Praxis gilt heute zwar als veraltet, wird aber trotzdem immer noch angewendet und in Anwendungen angeboten (Abb. 6.1).

Abbildung 6.1: Eigens entwickelte „Skalieren"-Funktion

Ich möchte es nicht versäumen, zumindest eine Möglichkeit der Umsetzung kurz anzureißen. Hierbei bewegen wir uns etwas weg von der reinen clientseitigen Entwicklung mittels HTML, CSS oder JavaScript und müssen auf eine serverseitige Komponente zurückgreifen. Nachdem wir

Schriften

mit der auf der Webseite angebotenen *Skalieren*-Funktion eine Vergrößerungsstufe ausgewählt haben, sollte diese für die Dauer des Besuchs auch gespeichert und beibehalten werden. Nicht erstrebenswert ist es, dass bei jedem Wechsel der Webseite die Skalierung wieder zurückgesetzt wird.

Wir benötigen zur Realisierung dieser Idee irgendeinen Zwischenspeicher, der bei jedem neuen Seitenaufruf angefragt werden kann und festlegt, welche Vergrößerung gerade aktiv ist und für die angeforderte Webseite geladen werden soll. Ein solcher Zwischenspeicher bietet sich ausschließlich auf der Seite des Webservers. Häufig bedienen sich die Entwickler des so genannten Sessionspeichers. Er stellt ein Zwischenspeicher dar, in dem mehrere Variablen für die aktuelle Session gespeichert werden können. Eine Sessionvariable wird erst dann wieder zurückgesetzt bzw. verfällt, wenn der Browser des jeweiligen Anwenders geschlossen wird. An dieser Stelle ist noch zu erwähnen, dass für jeden Benutzer, sei er anonym oder an Ihrer Anwendung angemeldet, eine Sessionvariable gespeichert werden kann.

Auf diese Weise kann sich die Anwendung von Seite zu Seite merken, welche Skalierung vom Benutzer gerade gewünscht und eingestellt ist. Die gesetzte Sessionvariable könnte z. B. die Basisschriftart der Seite beinhalten, die dann beim Aufbau der Seite geladen und gesetzt wird. Sind dann die Schriftgrößen anderer Elemente relativ festgelegt, passt sich das ganze Layout der Webseite automatisch an die neue Basisschriftgröße an.

Ich möchte aber nochmal ausdrücklich klarstellen, dass eine eigene Entwicklung einer *Skalieren*-Funktion unter Verwendung der modernen Browser nicht mehr nötig und sogar überflüssig und verwirrend ist. Haben Sie also die Gewissheit, dass Ihre Anwendung in keinem älteren Browser (z. B. Internet Explorer 6 und darunter) verwendet wird, können Sie sich den Aufwand sparen.

Skalieren mit modernem Browser

Um den Anspruch auf Vollständigkeit zu erfüllen, möchte ich kurz darauf eingehen, wie das Skalieren einer Webseite mit einem modernen Browser funktioniert.

6 – Diktion und Sprache

Hier führen mehrere Wege zum Ziel. Der wohl gebräuchlichste Weg führt über die Tastatur. In den geläufigen Browsern erreicht man mit der STRG-Taste in Kombination mit der Plus- (+) oder der Minus- (-) Taste des Ziffernblocks eine Veränderung der Skalierung. Eine Alternative ist das Halten der STRG-Taste und das gleichzeitige Drehen des Mausrads.

Der klassische Weg führt über die Navigationsmenüs der Browser. Die Abbildungen 6.2 (Mozilla Firefox) und 6.3 (Internet Explorer) demonstrieren dies anhand zweier marktführender Webbrowser.

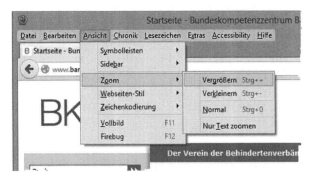

Abbildung 6.2: Skalieren über das Menü des Mozilla Firefox

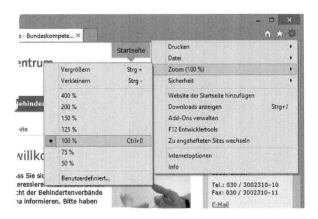

Abbildung 6.3: Skalieren über das Menü des Internet Explorers

Schriften

6.3.2 Schriftarten

Über richtige und falsche Schriftarten lässt sich eine schier unendliche Debatte führen. Dieses Thema fällt unter die gleiche Kategorie wie Farben und Kontraste. Eine wirklich klare Abgrenzung zwischen Gut und Böse gibt es nicht. Vielmehr müssen wir uns an dieser Stelle wieder auf Studien und eigene Tests verlassen, die uns wenigstens in eine Richtung lenken können und eine Empfehlung darüber abgeben, was man zu tun und was zu lassen hat.

Spricht man mit den Verantwortlichen beim Kunden über das Thema Schriftarten, dann kommt schnell das erste vermeintliche Messkriterium auf den Tisch: Lesbarkeit steht an allererster Stelle und hat höchste Priorität. Sitzen jetzt Designer mit in der Runde, kann man den ersten Aufschrei im Protokoll vermerken: „Optisch ansprechend sollte eine Schriftart aber trotzdem sein und ins Designkonzept passen!" Dieser Einwand ist berechtigt, denn wir haben bereits festgestellt, dass das Design einer Anwendung und die optische Gestaltung einen großen Einfluss auf den Anwender haben und darüber entscheiden, ob der Nutzer mit der Anwendung gerne arbeitet oder dafür keinerlei Sympathie entwickeln kann.

Serif oder Grotesk

Nun ist man an dem Punkt der Diskussion angelangt, wo es meist um die Frage geht: „Serif oder Grotesk, für welche Schriftgattung sollten wir uns entscheiden?" Die Standardantwort lässt nicht lange auf sich warten: „Serifen sind schlecht lesbar, wir setzen auf eine groteske Schriftart und somit auf Arial – Focus ONLINE und die BILD setzen auch darauf, das kann auf keinen Fall eine schlechte Wahl sein." Das ist die Stelle, an der ich gerne auf ein gedrucktes Buch verweise. Zufällig halten Sie ein solches gerade in der Hand. Bei einem prüfenden Blick auf diese Seite werden Sie feststellen, dass der Mengentext in einer Serifenschrift verfasst ist. Hatten Sie bereits Probleme beim Lesen? Eine serife Schriftart kann also gar nicht so unleserlich sein wie oft behauptet wird. Nach dieser Ausführung schlägt einem die nächste Welle ins Gesicht: „Auf einem Monitor oder einem anderen digitalen Display ist das aber anders zu bewerten, und dort sind eben groteske Schriften besser zu lesen."

6 – Diktion und Sprache

abc ABC
Georgia, Serif

abc ABC
Arial, Sans-Serif

Abbildung 6.4: Vergleich einer serifen und einer grotesken Schriftart

Eine gute These, doch lässt sich diese auch beweisen und mit Fakten untermauern? Hierzu gibt es mehrere Studien, mit denen ich mich im folgenden Abschnitt näher befassen möchte.

KOMPAKT: Die Nazis bezeichneten serifenlose Schöpfungen der Literatur als „undeutsch", „jüdisch" und „volksfeindlich". Lediglich Schriftstücke in serifenhaltiger Schrift waren im deutschen Reich anerkannt. Heute sind knapp 90 % aller Webangebote mit einer grotesken Schriftart umgesetzt.

Lesbarkeit

Grundlage einer Diskussion über Schriftarten und -größen ist häufig die Lesbarkeit. Sie steht im Vordergrund und sollte stets gewährleistet sein. Hierbei stößt man schnell auf die Frage: Wie misst man denn die Lesbarkeit eines Texts, einer kompletten Webseite?

In den meisten Fällen wird die Lesbarkeit mit der Lesegeschwindigkeit gleichgesetzt. Je schneller ein Text gelesen werden kann, desto lesbarer ist er. Diese Methode ist durchaus gängig, wenn auch nicht ganz unumstritten. Eine weitere Möglichkeit, Lesbarkeit zu definieren, ist es, diese mit dem Wissenszuwachs gleichzusetzen. Je lesbarer ein Text also ist, desto höher sollte der Wissenszuwachs des Lesers nach dem Durcharbeiten des Texts sein. Den Wissenszuwachs messbar zu machen, gestaltet sich allerdings als sehr schwierig, da man den Wissensstand der Lesers

Schriften

vor und nach dem Test überprüfen müsste und noch viele weitere Faktoren wie Schreibstil, Verständlichkeit, Schriftgröße, Umfang und Thema des Texts eine Rolle spielen. Einige Studien basieren auf der Ermüdung des Lesers. Diese lässt sich beispielsweise über den Puls, den Blutdruck oder das Augenzwinkern bestimmen. Zuverlässig ist dieses Messergebnis aber auch nicht, da auch hier mehrere Faktoren eine Rolle spielen, nicht nur die Schriftart.

Unter dem Strich landen wir also wieder bei der Definition: Lesbarkeit ist mit Lesegeschwindigkeit in Relation zu setzen. Das stellt die aussagekräftigste Messmethode in Bezug auf Lesbarkeit dar.

Gründe für die ewigen Diskussionen

Bevor wir nun endgültig die Frage klären, ob wir zur Verbesserung der Lesbarkeit im Web eine serife oder eine groteske Schriftart wählen sollen, möchte ich erklären, wo dieser Streit seine Wurzeln hat.

Bis zur Marktdurchdringung der Computer und später auch des Internets haben Studien immer wieder bewiesen, dass es bei Druckmedien keinen messbaren Unterschied zwischen einer serifen und einer grotesken Schrift gibt. Beide Schriftgattungen lassen sich ähnlich gut lesen und werden vom Leser gleichermaßen akzeptiert und toleriert.

Mit der Einführung digitaler Medien wurde das etwas anders, und die Debatte entbrannte erneut. In den Anfängen des digitalen Zeitalters waren die Ausgabegeräte nicht gerade mit hohen Auflösungen gesegnet. Das führte dazu, dass serife Schriftarten kantig und eckig dargestellt wurden. Das war man von den gedruckten Medien nicht gewohnt. Bei grotesken Schriftarten hielt sich dieser unschöne Nebeneffekt in Grenzen, da ihnen die kleinen Schnörkel und Schleifen fehlten, die bei der Darstellung der serifen Schriftarten als hässliche und fette Klumpen auf den Schirm traten. Selbst die Einführung des so genannten ClearType, also der Glättung der Schriftarten (Abb. 6.5), trug nicht viel zur Verbesserung des Umstands bei, dass digital eine sans-serife Schrift die bessere Wahl war.

6 – Diktion und Sprache

 1-Bit-Darstellung

 ClearType-Darstellung

Abbildung 6.5: Vergleich einer Schriftart in ClearType- und 1-Bit-Darstellung

Diese Einschätzung ist allerdings aus heutiger Sicht veraltet und nicht mehr zutreffend. Die derzeit auf dem Markt befindlichen Anzeigegeräte, seien sie in mobilen oder stationären Endgeräten verbaut, besitzen eine ausreichend hohe Auflösung, um auch Schriftarten mit Serifen scharf und lesbar darzustellen. Die Diskussion über die beiden Schriftgattungen ist an dieser Stelle und zur heutigen Zeit obsolet und läuft wieder auf das Ergebnis eines Unentschieden hinaus.

Welche Schriftart ist nun die richtige Wahl?

Kommen wir nun noch einmal auf die Kernfrage zurück: Welche Schriftart ist im Hinblick auf barrierefreies Lesen am besten geeignet?

Die Frage möchte ich wiederum mit einer Studie beantworten, die von der Fachhochschule Gelsenkirchen durchgeführt wurde. Diese stellte mehrere Texte in zwölf verschiedenen Schriftarten einem Pool von 3 000 Testteilnehmern zu Verfügung. Das Testkriterium war die Lesegeschwindigkeit der Probanden. Für viele überraschend war das Testergebnis, das bestätigte, dass sowohl serife als auch groteske Schriftarten gleichermaßen gut zu lesen sind. Es bleibt also auch an dieser Stelle wieder genug Platz für Sympathie, Geschmack und Gestaltungsfreiheit im Hinblick auf die Wahl der zu verwendenden Schriftart.

Schriften

Zum Schluss möchte ich Ihnen noch eine Empfehlung aus statistischer Sicht auf den Weg geben. In verschiedenen Studien schneiden die Schriftarten Arial (sans-serif) und Times New Roman (serif) minimal besser in den Lesbarkeitstests ab als andere Schriftarten. Dicht folgend sind dann Calibri, Cambria, Georgia, Segoe, Tahoma, Trebuchet und Verdana zu nennen, die sich ebenfalls gut als Webschriftart eignen.

6.3.3 Verfügbarkeit von Schriften

Nachdem ich nun schon einiges über Schriften geschrieben habe, möchte ich darauf eingehen, auf was bei der Auswahl einer Schriftart für eine Webanwendung zu achten ist.

Die meisten Designer beschränken sich beim Entwurf einer Webanwendung auf die Standardschriftarten wie Verdana, Arial oder Times. Das geschieht meist deshalb, weil man sicher sein kann, dass diese Schriftarten in jedem Fall auf dem Rechner des Anwenders installiert sind. Das ist Voraussetzung, damit die Texte eines Angebots auch in der vom Designer festgelegten Schrift angezeigt werden. Andernfalls bleibt dem Designer nur noch die Angabe einer Alternativschriftart, die unter Umständen aber das Layout verschieben könnte, sodass die Anwendung dann nicht mehr als barrierefrei gilt. Der kreative Kopf fühlt sich an dieser Stelle immer wieder eingeengt, da er gerne auch andere Schriftarten abseits des Standards verwenden möchte, um sich von der breiten Masse der im Web verfügbaren Anwendung abzuheben.

Seit einiger Zeit gibt es für dieses Problem eine Lösung: Web Fonts. Es gibt Anbieter im Internet, die Schriftarten zum Einbinden in eigene Webinhalte kostenlos zur Verfügung stellen. Im folgenden Beispiel möchte ich mich auf Google Web Fonts (*www.google.com/webfonts*) beziehen, da dieser Service sehr zuverlässig und umfangreich ist.

Listing 6.4 demonstriert, wie eine Schriftart über Google Web Fonts in eine Webseite eingebunden und verwendet wird.

6 – Diktion und Sprache

```
<!DOCTYPE HTML>
<html>
  <head>
    <title>Barrierefreiheit: Web für alle</title>
    <link
      href="http://fonts.googleapis.com/
                           css?family=Bad+Script"
      rel="stylesheet" type="text/css" />
    <style>
      body { font-family: 'Bad Script', cursive; }
    </style>
  </head>
  <body>
  </body>
</html>
```

Listing 6.4: Einbinden einer Schriftart über Google Web Fonts

Der große Vorteil bei dieser Methode der Einbindung von Schriften ist es, dass man so sicherstellt, dass die Seite in jedem Fall beim Benutzer korrekt angezeigt wird. Der Nachteil ist, dass man von einem Service eines externen Anbieters abhängig ist. Zudem muss ein Endgerät, auf dem die Anwendung ausgeführt wird, über eine aktive Internetverbindung verfügen. Genau das ist zum Beispiel bei einer Intranetanwendung nicht immer gewährleistet.

Schriftarten, die nicht zum absoluten Standard gehören, wie die genannten Arial, Times oder Verdana, sollten stets im Sinne der Barrierefreiheit über einen Webfont-Anbieter eingebunden werden. Das erspart dem Benutzer eine böse Überraschung, wenn er die vom Designer gesetzte Schriftart nicht installiert hat.

6.3.4 Zeilenabstand

Neben Schriftgröße und Schriftart trägt der Zeilenabstand maßgeblich zur Lesbarkeit eines Texts bei. Auch hier stellt sich die Frage: Wie viel Ab-

Schriften

stand muss eine Zeile zur anderen haben, damit ein Text als barrierefrei lesbar gilt? Fest steht: Die marktgängigen Browser haben eine Standardeinstellung von 120 % als Zeilenabstand. Dieser Standard wird herangezogen, wenn man per CSS keinen anderen Zeilenabstand definiert hat. Dieser Abstand ist aber durchgängig nicht zu gebrauchen und trägt nicht zur höheren Lesbarkeit eines Texts bei.

Welcher Abstand aber ist nun zwischen einzelnen Zeilen zu wählen? Sie werden es nicht glauben, aber hierfür gibt es tatsächlich eine einfache Berechnungsformel, die man anwenden kann. Es gilt, dass der Zeilenabstand mindestens auf das 2,5-fache der x-Höhe (Abb. 6.6) der verwendeten Schrift festzulegen ist.

Abbildung 6.6: Bestimmung der Höhe einer Schrift

6.3.5 Texthervorhebungen

Es wurde bereits in Abschnitt 6.2.4 ausführlich beschrieben, wofür man Unterstreichungen, Kursiv- und Fettschrift reservieren und einsetzen sollte. Ich möchte dieses Thema an dieser Stelle um ein paar technische Details anreichern, da diese besser unter den Begriff *Schriften* fallen.

Ich habe bereits erwähnt, dass ausschließlich wichtige Schlüsselwörter fett dargestellt werden sollen, damit sie Inhalt und Dreh- und Angelpunkt eines Texts auf den ersten Blick erkennbar machen. Diese wichtigen Wörter sind mit dem Element *<strong>* einzufassen. Die eigentliche Darstellung kann anschließend beliebig mit CSS angepasst werden.

Auch tief- und hochgestellte Wörter und Buchstaben sind mit einem gesonderten Element einzufassen und nicht mittels kleinerer Schriftarten oder anderer verrückter Spielereien. Hochgestellt werden Texte mit dem

6 – Diktion und Sprache

<sup>-Element, tiefgestellt mit dem Element <sub>. Listing 6.5 verdeutlicht das anhand eines Beispiels.

```
<p>
    Dieser Text beschäftigt sich hauptsächlich mit dem Thema
    <strong>Barrierefreiheit</strong> in Webanwendungen.
</p>
<p>
    Zudem demonstriert er einen <sub>tiefgestellten Text</sub>
    und einen <sup>hochgestellten Text</sup>.
</p>
```

Listing 6.5: Einsatz von Textformatierungen

Mit HTML5 werden auch längst vergessene Zeitgenossen wieder zum Leben erweckt, allerdings mit einer modifizierten und klar definierten Bedeutung.

Das <b>-Element kennzeichnet bedeutungstragende Begriffe wie beispielsweise den Firmennamen und Stichwörter. Ohne eine CSS-Formatierung werden mit dem <b>-Element eingefasste Begriffe ebenfalls fett dargestellt. Vergleicht man die Elemente <b> und <strong> auf ihre Wichtigkeit, so steht das <strong>-Element über dem Element <b> und ist damit höher priorisiert.

Auch das <i>-Element feiert seine Wiedergeburt und hat nunmehr die Definition bedeutungstragend. Ehemals wurde mit dem Element die kursive Formatierung eines Worts gesteuert, heute kennzeichnet das <i> Tag Fachausdrücke, Phrasen oder Eigennamen.

Zu guter Letzt hat auch das Element <em> Wiedereinzug in HTML gehalten. Auch dieses Element wird von den meisten Browsern kursiv dargestellt, was mit CSS leicht geändert werden kann. Fasst man einen Text mit diesem Element ein, wird der umschlossene Text von einigen Screen Readern besonders betont.

6.4 Fremdwörter und Abkürzungen

Nach Möglichkeit sollten Fremdwörter, Abkürzungen und Akronyme in einem Text vermieden werden. Kontextbezogen ist es natürlich legitim, Fachbegriffe zu verwenden, beispielsweise, wenn Sie über ein sehr technisches Thema schreiben. In diesem Fall sollten Sie jedoch darauf achten, dass Sie auf der Startseite in verständlicher, einfacher Sprache erklären, welche Inhalte Ihr Angebot enthält und für welche Zielgruppe es bestimmt ist. Wenn Fremdwörter unentbehrlich sind, sollten Sie diese nach Möglichkeit kurz beschreiben, um das Verständnis der Anwender auf eine einheitliche Basis anzuheben.

Häufig werden beim Texten englische Wörter verwendet, obwohl die deutschen Äquivalente für die meisten Anwender verständlicher wären. Einige Beispiele und einen Verbesserungsvorschlag liefert Tabelle 6.7.

Englisches Wort	Deutsches Äquivalent
Account	Benutzerkonto oder Zugang
Go	Los, Start
Home	Startseite
Posten	Veröffentlichen, abschicken
Print	Druck
Sitemap	Inhaltsverzeichnis, Übersicht
Tool	Werkzeug
Update	Aktualisierung

Tabelle 6.7: Deutsche Äquivalente zu englischen Wörtern

6 – Diktion und Sprache

6.4.1 Abkürzungen und Akronyme

Klären wir vorerst den Unterschied zwischen einer Abkürzung und einem Akronym. Abkürzungen sind beispielsweise z. B. oder zzgl., aber auch LKW oder DSL. Akronyme hingegen sind aus mehreren Anfangsbuchstaben gebildete, sprechbare Worte wie NATO, AIDS oder NASA.

Auf Abkürzungen ist nach Möglichkeit gänzlich zu verzichten, bzw. sie sind immer auszuschreiben. Das gilt auch für Standardabkürzungen wie z. B. oder evtl. Beim Verwenden einer weniger geläufigen Abkürzung ist diese mindestens einmal im Text auszuschreiben bzw. zu übersetzen.

Für die Kennzeichnung einer Abkürzung bzw. eines Akronyms stehen in HTML auch zwei gesonderte Tags zur Verfügung. Die Abkürzung wird mit dem Element *<abbr>* gekennzeichnet, während man das Akronym mit dem *<acronym>*-Element umschließt. Listing 6.6 zeigt, wie die beiden Elemente in der Praxis angewendet werden.

```
<!-- Abkürzung -->
<abbr title="World Wide Web Consortium">W3C</abbr>

<!-- Akronym -->
<acronym title="North Atlantic Treaty Organization">
  NATO
</acronym>
```

Listing 6.6: HTML Markup für eine Abkürzung und ein Akronym

Bei beiden Tags handelt es sich um einen Inline-Level-Element, das sich in einen bestehenden Textfluss einfügt. Viele moderne Browser unterstützen bereits das Hover eines *<abbr>*- oder *<acronym>*-Elements, sodass die Langbeschreibung als Tooltip angezeigt wird (Abb. 6.7).

Fremdwörter und Abkürzungen

Abbildung 6.7: Darstellung einer Abkürzung und eines Akronyms im Browser

> **HINWEIS:** In HTML5 ist das <acronym>-Element fallen gelassen worden, da zum <abbr>-Element kein Unterschied besteht. Es können also ab sofort sowohl alle Abkürzungen als auch Akronyme mit dem <abbr>-Element realisiert werden.

Es ist wichtig, die Abkürzungen und Akronyme mit den entsprechenden HTML-Elementen zu umschließen, da nur so die richtige Aussprache von einem Screen Reader sichergestellt werden kann.

Es ist Ihnen in der Rolle des Texters überlassen, wie Sie mit Abkürzungen und Akronymen umgehen. Von Fall zu Fall ist zu unterscheiden, ob Sie eine Abkürzung oder ein Akronym ausschreiben oder nur das Kürzel im Text platzieren. Manchmal ist es verwirrender, den Begriff auszuformulieren als ihn in Kurzform zu schreiben, da der Begriff schon stark im Sprachgebrauch verankert ist. Als Beispiel nehmen wir die Abkürzung DSL, die wohl mittlerweile jedem geläufig ist und bei der jeder weiß, was damit gemeint ist. Schreiben Sie in einem Text stattdessen Digital Subscriber Line, ist das wohl eher erklärungsbedürftig. Genau das ist mit der Fall-zu-Fall-Unterscheidung gemeint.

Barrierefreiheit

6 – Diktion und Sprache

PROFITIPP: Abkürzungen gehören immer in ein *<abbr>*-Element, damit sie von Screen Readern nicht als Wort vorgelesen werden. Akronyme kann, muss man aber nicht in ein *<abbr>* Tag verpacken, da Akronyme durchaus auch vorgelesen einen Sinn ergeben.

6.4.2 Fremdsprachige Begriffe

Wörter, die aus anderen Sprachen stammen, sollten vermieden werden. Nach Möglichkeit ist anstelle eines solchen Begriffs das deutsche Pendant zu wählen. Davon profitiert in erster Linie wieder der Anwender einer Screen-Reader-Software, dessen Sprachausgabe auf die im Dokument als Standard festgelegte Sprache konfiguriert ist. Vom Screen Reader ausgesprochene fremdsprachige Begriffe sind dann kaum bis gar nicht vom Anwender zu verstehen.

Die Standardsprache einer HTML-Seite definiert man üblicherweise am `<html>`-Element. Diesem wird das `lang`-Attribut angefügt und darin die Sprache der Seite definiert (Listing 6.7).

```
<!DOCTYPE html>
<html lang="de" xml:lang="de">
  <head>
    <meta charset="utf-8" />
    <title>Barrierefreiheit: Fremdsprachen</title>
  </head>

  <body>
  </body>
</html>
```

Listing 6.7: Definition der Standardsprache im HTML-Dokument

Innerhalb eines Fließtexts können Bereiche, die von einem Sprachwechsel betroffen sind, in einen *<span>*-Container eingebettet werden. Hierbei handelt es sich um ein Inline-Level-Element, das sich in den Text-

Fremdwörter und Abkürzungen

fluss eingliedert. Um einen Sprachwechsel für den im *<span>*-Element befindlichen Text anzukündigen, wird dem Container das lang-Attribut hinzugefügt, in dem dann die Sprache definiert wird, in welcher der Inhalt formuliert ist. Die Angabe des *xml:lang*-Attributs stellt die XHTML-konforme Schreibweise dar. Listing 6.8 demonstriert dieses Vorgehen anhand eines Beispiels.

```
<!DOCTYPE html>
<html lang="de" xml:lang="de">
  <head>
    <meta charset="utf-8" />
    <title>Barrierefreiheit: Fremdspachen</title>
  </head>

  <body>
    <p>
      Barrierefreiheit ist auch unter dem Begriff
      <span lang="de" xml:lang="en">Accessibility</span>
      bekannt.
    </p>
  </body>
</html>
```

Listing 6.8: Einbetten von Text in einer vom Standard abweichenden Sprache

6.4.3 Zitate

Der Vollständigkeit halber möchte ich zum Schluss dieses Kapitels noch die Zitate erwähnen. Um Zitate auf einer HTML-Seite korrekt zu markieren und auszuzeichnen, gibt es ein eigenes Element. Genauer gesagt gibt es zwei Elemente, deren Unterschied sich wie folgt erklärt:

- *<blockquote>* erzeugt einen Absatz des inkludierten Zitats und wird von den meisten Browsern eingerückt dargestellt. Damit die Implementierung valide ist, ist der eigentliche Zitattext noch einmal in ein *<p>*-Absatzelement einzufügen.

6 – Diktion und Sprache

- <q> ist ein Inline-Level-Element und wird innerhalb eines Absatzes eingebettet. Hier wird keine gesonderte Formatierung durch den Browser vorgenommen.

Die Quelle des zitierten Texts wird beim <q>-Element mit dem *cite*-Attribut angegeben, das ausschließlich einen validen URL als Wert beinhalten darf. Beim <blockquote>-Element wird die Quelle in ein eigenes Element <cite> verpackt und kann eine beliebige Beschreibung enthalten.

```
<p>
    <q cite="http://www.bremus-solutions.de">Träume nicht dein
    Leben, lebe deine Träume.</q>
</p>

<blockquote cite="http://www.computacenter.com">
    <p>
        Barrierefreiheit geht uns alle an.
        <cite>Timm Bremus, Bad Kreuznach</cite>
    </p>
</blockquote>
```

Listing 6.9: Korrekte Implementierung von Zitaten

Abbildung 6.8: Browserdarstellung der Zitattypen

7 Mobilgeräte

Ich möchte es nicht versäumen, den immer größer werdenden Trend mobiler Geräte und deren Nutzung für Webanwendungen im Hinblick auf Barrierefreiheit zu analysieren und Optimierungsmaßnahmen zu beschreiben.

Viele Softwarehersteller sparen sich die Arbeit, ihre Software in eine native Anwendung zu überführen, um Sie auf verschiedenen mobilen Endgeräten bereitzustellen. Der Zeit- und Kostenaufwand hierfür ist meist zu hoch und nicht rentabel für ein Unternehmen. Es ist jedoch auch keine Option, die bestehende Webanwendung, die eigentlich für den herkömmlichen PC bzw. Monitor optimiert wurde, auch auf einem Smartphone oder Tablet komfortabel zu nutzen. Ein guter Kompromiss zwischen einer nativen Anwendung und dem Öffnen der herkömmlichen Webanwendung über den Browser des Smartphones oder Tablets ist eine Web-App.

Ein weiteres großes Thema sind passende barrierefreie Endgeräte. Der Markt für Smartphones und Tablet-PCs, die ihr Augenmerk auf barrierefreie Bedienung gerichtet haben, ist noch sehr offen und kaum besetzt. Es gibt jedoch schon den einen oder anderen Hersteller, der sich mit dem Thema auseinandersetzt.

7.1 Native App vs. Web-App

An dieser Stelle möchte ich noch einmal im Detail eine native App und eine Web-App gegenüberstellen. Was genau sind die Vor- und Nachteile des jeweiligen Modells und welche Auswirkungen hat eine etwaige Entscheidung in Bezug auf Barrierefreiheit?

7 – Mobilgeräte

7.1.1 Native App

Eine native App wird für ein bestimmtes Endgerät bzw. eine bestimmte Plattform entwickelt und ist auch nur auf dieser lauffähig. Das hat folgende Vorteile:

- Nahtlose Integration der App in das jeweilige System
- Kein Unterschied zur restlichen Optik des Systems
- Direkter Zugriff auf Betriebssystemschnittstellen
- Speicherung von Daten in lokalen Datenbanken und -medien möglich

Daraus ergeben sich aber auch Nachteile:

- Lauffähig nur auf einer Plattform, Portierung mit hohem Mehraufwand verbunden
- Anfallende Kosten für eine Entwicklerlizenz beim jeweiligen Systemhersteller
- Anwendung nur mit einem mobilen Endgerät nutzbar
- Datenportierung beim Endgerätwechsel des Anwenders problematisch
- Hoher Aktualisierungs- und Erweiterungsaufwand, vor allem, wenn die Anwendung für verschiedene Systeme existiert
- Hebel für Barrierefreiheitsoptimierungen nur sehr kurz und kaum Ansatzpunkte vorhanden

7.1.2 Web-App

Eine Webanwendung, die im Browser eines Smartphones oder Tablets geöffnet wird und sich optisch wie eine native App verhält, wird als Web-App bezeichnet. Hierbei handelt es sich um eine herkömmliche Webanwendung, die optisch den Eindruck einer mobilen App macht. Die Technik dahinter ist ausschließlich HTML5, CSS3 und JavaScript.

Native App vs. Web-App

Auch hierfür möchte ich einige Vor- und Nachteile nicht unerwähnt lassen.

Kommen wir zuerst zu den Vorteilen:

- Umsetzung einer bestehenden Webanwendung in eine Web-App ist zeitsparend umsetzbar
- Lauffähigkeit einer Implementierung auf verschiedenen Plattformen unabhängig vom Hersteller
- Anwendung weiterhin auch in normalen Browsern nutzbar
- Geringer Aktualisierungs- und Erweiterungsaufwand, da nur eine Codebasis besteht
- Kriterien der Barrierefreiheit nahezu komplett umsetzbar nach dem Vorbild einer herkömmlichen Webanwendung
- Wechsel des Anwenders auf eine andere mobile Plattform ohne Probleme durchführbar

Natürlich sind auch für eine Web-App die Nachteile aufzuzählen:

- Nutzung interner Schnittstellen des Betriebssystems nicht möglich
- Speichern von Daten nur auf einem Webserver realisierbar, nicht in der lokalen Datenbank des Endgeräts
- Optische Abweichung der Web-App zum Rest des mobilen Betriebssystems
- Internetverbindung unbedingt erforderlich, um die Anwendung nutzen zu können

Da Sie gerade ein Buch zur Barrierefreiheit in Webanwendungen in den Händen halten, können Sie sicherlich schon erahnen, dass der Fortlauf dieses Kapitels sich an einer Web-App orientieren wird. Immerhin ist es sicherlich nicht Ihr Ziel, potenzielle Anwender Ihrer Software von der Nutzung auszuschließen. Im Hinblick auf die Barrierefreiheit ist deshalb klar der Web-App vor der nativen App den Vorzug zu geben. Erinnern Sie sich zurück an eines der ersten Kapitel in diesem Buch. Hier hatte ich bereits beschrieben, dass ein Manager, der eine Webanwendung nicht mit seinem mobilen Endgerät nutzen kann, ebenfalls durch eine Barriere

7 – Mobilgeräte

ausgeschlossen wird. Es bietet sich deshalb an, stets eine für Mobilgeräte optimierte webbasierte Version Ihrer Anwendung bereitzustellen, gleichgültig, ob Sie Ihre Anwendung auch nativ für einige Endgeräte zur Verfügung stellen. Optimal und erstrebenswert ist natürlich die Kombination aus beiden Modellen. Sollten Sie sich jedoch entscheiden müssen, empfehle ich an dieser Stelle, sich auf die Seite der Web-App zu schlagen, damit bleiben Sie unabhängig und flexibel. Zudem können Sie auch für ein mobiles Gerät eine barrierefreie Version Ihrer Webanwendung zur Verfügung stellen, und das ist doch mehr als nur vorbildlich und vorausschauend.

7.2 Entwicklung einer Web-App

Es gibt bereits einige kostenlose und frei verfügbare Frameworks, die bei der Entwicklung einer Web-App viel Zeit und Kosten einsparen. Ich möchte mich in diesem Buch auf das Framework jQuery Mobile (jquerymobile.com) beschränken, welches das marktgängigste Framework in der Web-App-Entwicklung ist. Nicht unerwähnt möchte ich Sencha Touch lassen, welches ebenfalls ein Framework für Web-App-Entwicklung ist. Auf Sencha Touch gehe ich auch in einem der folgenden Abschnitte kurz ein und erläutere, warum dieses Framework für barrierefreie Web-Apps nicht so gut geeignet ist.

7.2.1 Konzeption einer Web-App

Bevor wir das Framework jQuery Mobile technisch genauer betrachten, konzipieren wir unsere zukünftige Webanwendung vorerst auf Papier. Es bietet sich auch bei Web-Apps an, eine Anwendung in eine Kopf- und Fußzeile sowie einen Inhaltsbereich zu strukturieren. Abbildung 7.1 zeigt den auf Papier entstandenen Entwurf unserer zukünftigen Anwendung.

Entwicklung einer Web-App

Abbildung 7.1: Strukturelles Konzept einer Web-App

Die Anwendung besteht demnach aus zwei Webseiten. Die Einstiegsseite bzw. die Startseite zeigt eine Liste von Kontakten, von der aus auf eine Detailseite verlinkt wird, auf der die Details des ausgewählten Kontakts angezeigt und bearbeitet werden können. Zudem besteht von der Startseite die Möglichkeit, einen neuen Kontakt anzulegen, das soll aber nicht Thema dieses Abschnitts sein. Vielmehr geht es jetzt um den grundsätzlichen Aufbau einer Web-App unter Verwendung des jQuery-Mobile-Frameworks und wie dieses mit Barrierefreiheit zusammenspielt.

7.2.2 jQuery Mobile

jQuery Mobile ist ein kostenloses JavaScript-Framework, das die Entwicklung von Web-Apps deutlich vereinfacht und beschleunigt. In diesem Abschnitt möchte ich das Framework, das auf dem bekannten jQuery-JavaScript-Framework aufsetzt, vorstellen und zeigen, wie einfach man damit eine App für das Smartphone oder den Tablet-PC entwickelt, und vor allem, welche Vorteile das im Hinblick auf die Barrierefreiheit bietet.

7 – Mobilgeräte

Gerüst einer Web-App-Webseite

Die Webseite einer Web-App weist immer den Aufbau auf wie in Listing 7.1 dargestellt. Grundlage einer mit jQuery Mobile realisierten App ist immer HTML5 und CSS3. Das wird auch von nahezu allen mobilen Geräten am Markt unterstützt. Eine Aufstellung über die unterstützten Smartphone- und Tablet-Plattformen findet sich auf der offiziellen Seite von jQuery Mobile (jquerymobile.com).

Wichtig ist das Metaelement *viewport*, das die Breite der App auf die zur Verfügung stehende Breite des Endgeräts skaliert. Ebenfalls wird hier das Zoomlevel auf 1 gesetzt, damit der Browser des Endgeräts keine automatische Zoomeinstellung vornimmt.

Ansonsten ist am Aufbau der App-Webseite nichts Besonderes, lediglich die jQuery-Bibliothek und das jQuery-Mobile-Framework sowie ein passendes Theme in Form einer CSS-Datei sind in jede Seite einzubinden.

```
<!DOCTYPE html>
<html>
  <head>
    <title>Page Title</title>

    <meta name="viewport"
          content="width=device-width, initial-scale=1">
    <link rel="stylesheet"
          href="jquery.mobile-1.3.0.min.css" />
    <script src="jquery-1.9.1.min.js"></script>
    <script src="jquery.mobile-1.3.0.min.js"></script>
  </head>

  <body>
  </body>
</html>
```

Listing 7.1: Aufbau einer Webseite, realisiert mit jQuery Mobile

Entwicklung einer Web-App

Umsetzung des Konzepts

Die graue Theorie lassen wir nun hinter uns und kommen endlich zur Praxis. Wir wollen im folgenden Schritt die Übersichts- und die Detailseite mittels jQuery Mobile umsetzen. Hierfür müssen wir lediglich HTML Markup schreiben, den Rest übernimmt die eingebundene Bibliothek.

Eine Seite in jQuery Mobile wird immer mit einem <div>-Container umschlossen, dem das Attribut data-role mit dem Wert page zugewiesen wird. Im Anschluss definieren wir die Kopf- und Fußzeile sowie den Inhaltsbereich der Seite. Auch dies erfolgt jeweils mit <div>-Containern, denen ebenfalls ein data-role-Attribut hinzugefügt wird.

Im Detail widmen wir uns zuerst der Umsetzung der Übersichtsseite (Listing 7.2). Die Kopfzeile der Webseite (data-role="header") beinhaltet lediglich eine Überschrift. Der Fußzeile (data-role="footer") wird eine Schaltfläche Neu hinzugefügt. Beide Webseitenbereiche sind jeweils am oberen bzw. unteren Bildschirmrand über das Attribut data-position="fixed" fixiert. Der Inhaltsbereich (data-role="content") enthält eine Liste, die die Einträge nach ihren Anfangsbuchstaben kategorisiert und zudem eine Such- und Filterfunktion zur Verfügung stellt. All diese Funktionalitäten werden bereits vom jQuery-Mobile-Framework bereitgestellt und mit Attributen an der Liste konfiguriert bzw. aktiviert. Damit wäre die erste Teilaufgabe und somit die Umsetzung der Übersichtsseite abgeschlossen.

```
<div data-role="page">
  <div data-role="header" data-position="fixed">
    <h1>Adressbuch</h1>
  </div>

  <div data-role="content">
    <ul data-role="listview" data-autodividers="true"
    data-filter="true" data-inset="true">
      <li><a href="details.html?name=tbremus">
      Timm Bremus</a></li>

      <li><a href="details.html?name=treyna">
      Tom Reyna</a></li>
```

7 - Mobilgeräte

```
<li><a href="details.html?name=bmeyer">
    Bob Meyer</a></li>
<li><a href="details.html?name=cbuller">
    Chritian Buller</a><li>
<li><a href="details.html?name=mslayer">
    Mike Slayer</a></li>
    </ul>
</div>

<div data-role="footer" data-position="fixed"
    class="ui-bar">
    <a href="#" data-icon="plus">Neu</a>
</div>
</div>
```

Listing 7.2: Umsetzung der Übersichtsseite

Widmen wir uns nun der Detailseite, die weitere Informationen über einen ausgewählten Eintrag darstellt und editierbar macht (Listing 7.3). Auf dieser Webseite wird der Kopfzeile eine Schaltfläche *Zurück* hinzugefügt, die wieder auf die Übersichtsseite verweist. In der Fußzeile weicht die *Neu*-Schaltfläche einer *Speichern*-Funktionalität.

Spannend wird es jetzt im Inhaltsbereich, denn hier kommt ein Formular zum Einsatz, dass die Kontaktdaten eines Eintrags editierbar macht. Umgesetzt wird das Formular mit den bekannten Steuerelementen der HTML. Die Darstellung und die Funktionalität werden vollautomatisch vom jQuery-Mobile-Framework an die Steuerelemente angefügt. Das macht es besonders leicht, die Kriterien zur barrierefreien Anwendung in die Implementierung einfließen zu lassen. Deshalb gelten auch bei einer mit jQuery Mobile umgesetzten Web-App die gleichen Regeln wie auch für herkömmliche Webanwendungen.

Entwicklung einer Web-App

```html
<div data-role="page">
  <div data-role="header" data-position="fixed">
    <a href="index.html" data-icon="arrow-l">Zurück</a>

    <h1>Adressbuch</h1>
  </div>

  <div data-role="content">
    <form>
      <label for="gender">Geschlecht:</label>

      <select id="gender" name="gender">
        <option value="male">Männlich</option>

        <option value="female">Weiblich</option>
      </select>

      <label for="forename">Vorname:</label>

      <input data-clear-btn="true" name="forename"
                            id="forename" type="text" />

      <label for="surname">Nachname:</label>

      <input data-clear-btn="true" name="surname"
                            id="surname" type="text" />

      <label for="email">E-Mail:</label>

      <input data-clear-btn="true" name="email"
                            id="email" type="email" />
    </form>
  </div>

  <div data-role="footer" data-position="fixed"
                                      class="ui-bar">
    <a href="#" data-icon="check">Speichern</a>
  </div>
</div>
```

Listing 7.3: Umsetzung der Detailseite

Barrierefreiheit

7 – Mobilgeräte

Das Ergebnis kann sich sehen lassen (Abb. 7.2). Mit nur sehr geringem Mehraufwand lassen sich so bereits bestehende Webanwendungen für ein Smartphone oder einen Tablet-PC optimieren.

Abbildung 7.2: Darstellung der umgesetzten Struktur auf einem Smartphone

7.2.3 Sencha Touch

Der Vollständigkeit halber möchte ich kurz auf das Framework Sencha Touch eingehen, das sicherlich der größte Konkurrent von jQuery Mobile ist. Auch mit Sencha Touch lassen sich Web-Apps entwickeln. Das ist allerdings auch schon die einzige Gemeinsamkeit, die diese beiden Frameworks verbindet.

Applikationen, die mit Sencha Touch entwickelt sind, basieren vollständig auf JavaScript-Code. Im Gegensatz zu jQuery Mobile werden die Masken nicht in HTML5 geschrieben, sondern mit JavaScript-Klassen generiert. Das Framework verlangt dem Entwickler ein deutlich größeres Maß an JavaScript-Know-how ab, als das bei jQuery Mobile der Fall ist. Sencha Touch basiert auf dem Ansatz des Model-View-Controller-

Entwicklung einer Web-App

Prinzips und erfordert alleine deshalb ein großes Verständnis im Bereich der Softwareentwicklung. Der Einarbeitungsaufwand ist bei diesem Framework deutlich größer als bei jQuery Mobile.

Leider werden von Sencha Touch nicht alle marktgängigen Geräte unterstützt. Das Windows Phone von Microsoft beispielsweise steht nicht auf der Kompatibilitätsliste, was schon die erste Hürde im Hinblick auf die Barrierefreiheit ist. Nutzer von Smartphones, die auf dem System von Microsoft aufsetzen, sind somit nicht in der Lage, die Web-App nutzen zu können.

Ein weiterer großer Nachteil ist, dass ohne JavaScript bei Sencha Touch nichts mehr funktioniert. Die Anwendung ist schlicht und einfach nicht funktional. Hier punktet ganz klar jQuery Mobile. Die Anwendung ist ohne JavaScript zwar lange nicht mehr so ansehnlich, lässt sich aber grundsätzlich noch bedienen. Auch hier geht der Punkt für die Barrierefreiheit klar an jQuery Mobile.

7.2.4 Die richtige Wahl für barrierearme Web-Apps

Natürlich kann man bei Anwendungen, die auf JavaScript setzen, kaum von Barrierefreiheit sprechen. Möchte man jedoch einen Schritt in die richtige Richtung tun, dann setzt man beim Thema Web-Apps mit jQuery Mobile auf das richtige Pferd. Hiermit erreicht man zumindest den Grad einer barrierearmen Webanwendung für Smartphones und andere mobile Endgeräte. Optimal ist es, eine Webanwendung, die für die Nutzung mit einem herkömmlichen PC bzw. Browser entwickelt wurde, mit einer Web-App-Version aufzurüsten und eine solche als Alternative für die Nutzer von Mobilgeräten zur Verfügung zu stellen. Damit tun Sie dem Anwender einen großen Gefallen, da er eine Anwendung ohne die zusätzliche Installation einer nativen App bedienen und nutzen kann. Perfekt und erstrebenswert ist es natürlich, für eine Webanwendung eine native und eine webbasierte App anzubieten. Das ist meist aus zeitlichen und kostentechnischen Gründen unmöglich, aus Sicht eines Barrierefreiheitsgurus jedoch die absolute Optimalvorstellung.

7 – Mobilgeräte

Definitiv Fakt ist, dass wir uns als Entwickler und Designer in Zukunft deutlich häufiger mit dem Thema Mobilgeräte und die damit verbundene Nutzung unserer Anwendung auf diesen Plattformen widmen müssen. Aus dem immer lauter werdenden Ruf nach mobilen Webanwendungen resultiert natürlich auch ein verstärktes Verlangen nach der Barrierefreiheit auf diesem Gebiet. Verpassen Sie diesen Trend nicht und seien Sie ab jetzt Vorreiter beim Thema barrierearme mobile Webanwendungen.

7.3 Responsive Webdesign

Das Thema Responsive Webdesign haben wir in den vorherigen Abschnitten immer wieder einmal behandelt, ohne es genau mit diesem Begriff zu verbinden. Unter einer eigener Überschrift *Responsive Webdesign* möchte diesen Ansatz noch einmal im Detail betrachten.

Bei Responsive Webdesign handelt es sich um eine technische Umsetzung eines anpassungsfähigen Weblayouts. Das bedeutet, dass das Layout grafisch an die Bedürfnisse des jeweiligen Geräts, mit dem die Webanwendung gestartet wurde, angepasst wird. Im Detail betrifft das die einzelnen Module einer Webanwendung wie beispielsweise die Navigation, die Suche oder den Inhaltsbereich. Technisch möglich macht dies die Einführung von HTML5 und CSS3.

7.3.1 Grundlagen

Die Auflösung und die Größe eines Displays auf Laptops, Smartphones, Tablets, Beamern etc. kann erheblich variieren. Daher ist es erforderlich, das Layout einer Anwendung für verschiedene Endgeräte zu optimieren. Mehr noch: Es werden unterschiedliche Layouts für die möglichen ausführenden Geräte zur Verfügung gestellt. Diese sind bestmöglich an die jeweiligen Anforderungen angepasst und auf die Endgeräte zugeschnitten. Eine Webanwendung, die beispielsweise auf einem herkömmlichen PC in drei Spalten aufgeteilt ist, wird beim Aufruf mit einem

Responsive Webdesign

Smartphone lediglich in einer Spalte gerendert und enthält weniger Bereiche und Funktionen als auf dem PC. Somit passt sich die Webanwendung nicht nur an das Display des jeweiligen Geräts an, sondern auch an die zur Verfügung stehenden Ressourcen des jeweiligen Endgeräts. Da einem Smartphone deutlich weniger Rechenleistung und eine schmalere Bandbreite zur Verfügung stehen, ist hier die Funktionalität auf ein erforderliches Minimum begrenzt (Abb. 7.3 und 7.4).

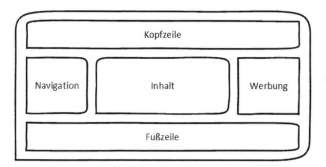

Abbildung 7.3: Struktur einer Anwendung für die Anzeige auf dem Bildschirm

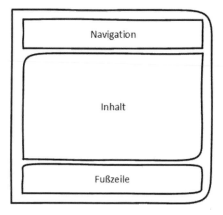

Abbildung 7.4: Struktur einer Anwendung für die Anzeige auf dem Smartphone

7 – Mobilgeräte

Ziel dieser Methodik ist es, dass sich die Darstellung einer Webseite so anpasst, dass sie sich jedem Betrachter so übersichtlich, benutzerfreundlich und barrierefrei wie möglich präsentiert.

7.3.2 Technik

Zur Umsetzung eines Responsive Webdesigns sind Media Queries erforderlich, die ich bereits im Kapitel *HTML und CSS* beschrieben habe. Hierbei handelt es sich um ein CSS3-Konzept, das es erlaubt, anhängig von einem bestimmten Endgerät ein passendes Layout zu laden und die Webanwendung damit zu rendern.

Hierfür können folgende Kriterien herangezogen werden:

- Bildschirmauflösung des Geräts
- Orientierung (Quer- oder Hochformat)
- Eingabemöglichkeiten (Tastatur, Touch, Sprache)
- Breite und Höhe des Browserfensters

Listing 7.4 zeigt den Kopfbereich (*<head>*-Element) einer Webseite, in dem zwei Style-Sheet-Dateien geladen werden. Die *global.css* ist für jedes Endgerät gültig und wird unabhängig davon zum Rendern der Seite verwendet. Die *smartphone.css* wird nur geladen, wenn die Breite des Displays nicht größer ist als 640 Pixel. Das entspricht den marktgängigen Smartphones, die aktuell keinen breiteren Anzeigebereich haben.

```
<!DOCTYPE HTML>
<html>
  <head>
    <link rel="stylesheet" type="text/css"
                             href="global.css" />

    <link rel="stylesheet" type="text/css"
      media="all and (max-device-width: 640px)"
      href="smartphone.css" />
  </head>
```

Responsive Webdesign

```
<body>
</body>
</html>
```

Listing 7.4: Laden einer für Smartphones spezifischen Style-Sheet-Datei

PROFITIPP: Ältere Browser können HTML5 und CSS3 und somit insbesondere die Media Queries nicht interpretieren. Abhilfe schaffen hier so genannte Browserhacks, die meist mittels JavaScript und altem CSS die neuen Funktionen von HTML5 und CSS3 simulieren und nachstellen.

Zum Schluss sei noch erwähnt, dass man auch innerhalb einer Stylesheet-Datei Unterscheidungen bzw. nur für bestimmte Endgeräte gültige Styles definieren kann. Listing 7.5 hält hierzu ein Beispiel bereit.

```
#content {
  width: 960px;
}

@media all and (max-device-width: 640px) {
  #content {
    width: 610px;
  }

  #advertising {
    display: none;
  }
}
```

Listing 7.5: Kennzeichnung vom Endgerät abhängiger CSS-Anweisungen

7.4 RSS-Feeds

Firmennachrichten, aktuelle Mitteilungen und neue Produkte, all dies kann auch an den Nutzer gebracht werden, ohne dass er die Webseite eines Unternehmens besuchen muss oder man ihm eine E-Mail zukommen lässt. Über die so genannten Newsfeeds kann man einen Benutzer schnell und komfortabel über aktuelle Entwicklungen in Bezug auf sein Webprojekt oder sein Unternehmen in Kenntnis setzen.

Da der RSS-Feed häufig von mobilen Endgeräten abonniert wird und dort nicht selten zum Einsatz kommt, habe ich mich dazu entschieden, diese Thematik in das Kapitel Mobilgeräte zu packen, da der Nachrichtenfeed hier meiner Meinung nach die größten Vorteile ausspielen kann und das barrierefreie Verarbeiten von Informationen für den Benutzer deutlich erleichtert.

Aber was genau hat das mit Barrierefreiheit zu tun? Bevor ich Ihnen eine Antwort auf diese Frage präsentiere, möchte ich auf die Realisierung und die technischen Details eines RSS-Feeds eingehen.

7.4.1 Technik

Technisch betrachtet gehört der RSS-Feed zu der Familie der XML-basierten Dateiformate. Gängiger Standard ist zurzeit die Version 2.0 der RSS, auf die ich mich im Laufe dieses Abschnitts weiter beziehen werde.

Ursprünglich wurden mit dem RSS-Feed reine Textinhalte verbreitet. Heute hat sich das Leistungsspektrum etwas erweitert, und es ist durchaus möglich, auch Audio- oder Videoinhalte via RSS zu verbreiten.

Listing 7.6 zeigt den beispielhaften Aufbau eines RSS-Feeds 2.0.

```
<?xml version="1.0" encoding="utf-8"?>
<rss version="2.0">
  <channel>
    <title>
      Barrierefreiheit: Webanwendungen ohne Hindernisse
```

RSS-Feeds

```
</title>
<link>http://www.bremus-solutions.de</link>
<description>
   Informationen zur Barrierefreiheit in Webanwendungen
</description>
<language>de-de</language>
<copyright>Timm Bremus</copyright>
<pubDate>Mon, 4 Mar 2013 13:43:19</pubDate>
<image>
  <url>http://www.bremus-solutions.de/logo.jpg</url>
  <title>Firmenlogo von Bremus Solutions</title>
  <link>http://www.bremus-solutions.de/contact.html
                                                   </link>
</image>
<item>
  <title>Layout und Struktur</title>
  <description>
     Barrierefreies Layout einer Webanwendung
  </description>
  <link>http://www.bremus-solutions.de/layout.html
                                                   </link>
  <author>
     Timm Bremus, t.bremus@bremus-solutions.de
  </author>
  <guid>0e20923b-fd68-4802-9524-ec1a39f510ec</guid>
  <pubDate> Mon, 1 Feb 2013 11:23:37</pubDate>
</item>
<item>

   ...
```

7 – Mobilgeräte

```
  </item>
  </channel>
</rss>
```

Listing 7.6: Beispielhafter Aufbau für einen RSS-Feed

Mit dem <*channel*>-Element ist es möglich, mehrere Kategorien von Nachrichten in einem Feed unterzubringen. Man spricht hier von mehreren Kanälen, die vom RSS-Feed bereitgestellt werden. Jeder Channel wird mit speziellen Kopfdaten gespeist, diese setzen sich grundsätzlich aus dem Titel (<*title*>), einer Beschreibung (<*description*>), einem Copyright (<*copyright*>) sowie der Sprache (<*language*>) und dem Veröffentlichungsdatum (<*pubDate*>) zusammen. Optional kann der Channel noch mit einem Bild angereichert werden.

Spannend wird es jetzt bei den Einträgen, die direkt innerhalb des <*channel*>-Elements angefügt werden. Jeder Eintrag wird in einem <*item*>-Element zusammengefasst und besteht grundlegend aus einem Titel (<*title*>), einer Beschreibung (<*description*>) sowie einem dem Autor (<*author*>), dem Veröffentlichungsdatum (<*pubDate*>) und einer eindeutigen ID (<*guid*>). Außerdem fügt man dem Eintrag noch einen Link (<*link*>) hinzu, der auf den vollständigen Artikel bzw. auf ergänzende Informationen verweist. Es ist durchaus valide, mehrere Einträge in Form eines <*item*>-Elements innerhalb eines Channels hintereinanderzustellen, um somit mehrere Einträge zu veröffentlichen.

7.4.2 Verwendung

Kommen wir nun noch einmal auf die Daseinsberechtigung eines RSS-Feeds in Bezug auf die Barrierefreiheit zurück. Es ist also mit einem Newsfeed möglich, über ein standardisiertes Format Nachrichten, Produkte oder ähnliche Informationen zu veröffentlichen und an den Benutzer zu bringen. Dieser abonniert einfach mit einem Endgerät seiner Wahl, beispielsweise mit einem Smartphone oder einem herkömmlichen Computer, einen Newsfeed und bekommt ohne weiteres Zutun immer die aktuellen Nachrichten von einem Angebot direkt nach der Veröffent-

Barrierefreie Mobilgeräte

lichung geliefert. Auf diesem Wege können keine Barrieren entstehen, da es sich bei einem RSS um einen anerkannten Standard handelt. Egal, mit welchem Programm oder Gerät dieser Feed geöffnet wird, er wird stets korrekt geladen und dargestellt. Aus diesem Grund sollte jede Webanwendung, vorausgesetzt, sie stellt Nachrichten, Produkte oder andere schnelllebige Informationen bereit, einen RSS-Feed anbieten. Es besteht auch die Möglichkeit, mehrere RSS-Feeds anzubieten und sich nicht nur auf einen zu beschränken. Übrigens können RSS-Feeds auch mit den marktgängigen Webbrowsern abonniert und gelesen werden, die Installation eines separaten RSS-Tools entfällt also.

7.5 Barrierefreie Mobilgeräte

Beim Thema barrierefreie Mobilgeräte befinden wir uns auf einem Gebiet, das vom Markt noch kaum erschlossen wurde. Zwar gibt es schon seit Längerem Telefone und Handys, die für Senioren und Menschen mit Sehbehinderung durch größere Tasten und Schriftarten (Abb. 7.5) optimiert wurden, doch diese Geräte sind noch weit davon entfernt, auch mobile Webapplikationen auszuführen.

Abbildung 7.5: Handy für Senioren mit besonders großen Tasten und Schriftarten

Besonders Anwender im jungen und mittleren Alter, die an einer Sehschwäche leiden, wünschen sich mehr als nur ein Telefon mit großen Tas-

7 – Mobilgeräte

ten und leichter ablesbarem Display. Vielmehr wird der Ruf nach einem Smartphone, das den marktgängigen Geräten vom Funktionsumfang her sehr nahe kommt, immer lauter. Verständlich, denn auf die zur heutigen Zeit verfügbaren Apps möchte man auch mit einer Sehschwäche nicht verzichten.

Ein Gerät, das für Menschen mit Sehschwäche entwickelt wurde, gibt es leider bis zum heutigen Tag noch nicht. Ein deutsch-schweizerisches Unternehmen hat jedoch eine Software für Smartphones entwickelt, mit der man innerhalb weniger Minuten ein herkömmliches Smartphone in ein für Sehbehinderte optimiertes Gerät verwandeln kann. Zudem bietet der Hersteller auch ein komplettes Endgerät an, das die Software bereits standardmäßig installiert hat. Mit diesem Gerät sind zumindest begrenzt mobile Webanwendungen besser zu verwenden, da der Anzeigebereich des Smartphones durch eine Zoomfunktion vergrößert und somit besser zu lesen ist.

Übrigens sind alle auf dem Markt befindlichen Telefone und Handys mit normalen Tasten auch für blinde Nutzer gut bedienbar. Möglich macht dies eine gesonderte Markierung der Taste 5, die auf nahezu allen Geräten mit einem tastbaren Punkt ausgestattet ist. So kann ein Blinder einzelne Tasten eines Telefons gezielt drücken. Bis es allerdings eine solche Technik für ein Smartphone bzw. einen Touchscreen gibt und das Mobilgerät zudem noch einen Screen Reader mitbringt, wird wohl noch einige Zeit ins Land gehen. Der Wunsch nach diesen Geräten ist jedoch nicht mehr zu überhören.

Abbildung 7.6: Für sehbehinderte Menschen optimiertes Smartphone

8 Qualitätssicherung

Nachdem wir nun ein einheitliches Verständnis darüber haben, wie Barrierefreiheit in Webanwendungen umzusetzen ist, kommt schnell die anschließende Frage auf: Wie kann ich nun testen, inwieweit die Anstrengungen und Arbeit zur Verbesserung der Barrierefreiheit meiner Webanwendung beigetragen haben? Die folgenden Kapitel geben Ihnen einige Werkzeuge an die Hand, mit denen Sie Ihre Anwendungen auf Barrierefreiheit testen können. Es gibt aber auch eine anerkannte Prüfstelle, die Sie bei der Bewertung einer Websoftware unterstützt.

8.1 BITV-Test

Der BITV-Test ist ein Prüfverfahren, um eine Webanwendung umfassend und nach einem festgelegten Standard auf Barrierefreiheit zu bewerten.

Der Test wurde vom BIK-Projekt ins Leben gerufen. BIK steht für „barrierefrei informieren und kommunizieren". Das Ziel des BIK-Projekts ist es, Internet- und Intranetangebote besser zugänglich zu machen und so die Arbeitsplatzchancen behinderter Menschen zu verbessern.

Das vom Bundesministerium für Arbeit und Soziales geförderte Projekt besteht aus den Modulen BIK@work und dem BITV-Testverfahren. Das Modul BIK@work beschäftigt sich mit der Barrierefreiheit am Arbeitsplatz. Das Modul BITV-Test ist, wie bereits erwähnt, ein Prüfverfahren für Webangebote in Hinsicht auf Barrierefreiheit.

Die Grundlage für den BITV-Test stellt die Barrierefreie Informationstechnik-Verordnung (BITV) dar, die bereits in einem der vorherigen Kapitel detailliert behandelt wurde. Der Test beinhaltet insgesamt 50 Prüfschritte, die ausführlich auf der Webseite des BIK erläutert werden (*www.*

8 – Qualitätssicherung

bitvtest.de/). Das Prüfverfahren ist im Detail offengelegt und prinzipiell von jedermann durchführbar. Die Bewertung erfolgt nach einem Punktesystem. Maximal können 100 Punkte erreicht werden. Eine Webseite gilt als „gut zugänglich", wenn sie mehr als 90 Punkte im Test erreicht hat. Als „sehr gut zugänglich" werden Webanwendungen eingestuft, die mehr als 95 Punkte beim Test erzielt haben.

Es gibt drei Varianten des BITV-Tests, die in den folgenden Kapiteln näher erläutert werden.

8.1.1 Abschließender BITV-Test

Der abschließende BITV-Test kommt bei abgeschlossenen bzw. fertiggestellten Webprojekten zum Einsatz. Der Test liefert eine Momentaufnahme ausgewählter Seiten. Eine Prüfung auf Verständlichkeit der Inhalte findet nicht statt. Trotz dieser Einschränkung gilt eine Anwendung als gut oder sehr gut zugänglich, wenn sie den Test bestanden hat. Nach bestandener Prüfung gilt das Angebot als BITV-konform.

Die Prüfung wird von zwei unabhängigen BIK-Prüfern vorgenommen, die ihre Ergebnisse erst nach Ende der Tests miteinander abgleichen und sich auf einen gemeinsamen Schnitt einigen. Vorher werden von einer Prüfungskommission die zu testenden Seiten der Anwendung ausgewählt. Nach der Prüfung erhält der Auftraggeber einen ausführlichen Prüfbericht und hat zudem die Möglichkeit, sein Prüfungsergebnis zu veröffentlichen. Hat die Anwendung den Test bestanden, hat der Betreiber die Möglichkeit, das offizielle Prüfsiegel 90plus beziehungsweise 95plus auf seinem Angebot zu platzieren.

Der BITV-Test soll mit akzeptablem Aufwand durchführbar sein und konzentriert sich deshalb nur auf Stichproben. Es ist also möglich, dass eine Seite eine hohe Punktzahl im Prüfungsergebnis erreicht, obwohl mangelhafte Seiten im Hinblick auf Barrierefreiheit enthält. Darüber hinaus handelt es sich bei dem Test um eine Momentaufnahme. Nachträgliche Änderungen der Anwendungen haben auf das Prüfergebnis keine Auswirkung.

BITV-Test

8.1.2 Entwicklungsbegleitender BITV-Test

Der entwicklungsbegleitende BITV-Test wird, wie der Name bereits verrät, während der Entwicklungsphase der Anwendung begleitend durchgeführt. Dieses Testverfahren bietet eine Orientierung im Hinblick auf den Stand der Barrierefreiheit des Webangebots. Die Zuverlässigkeit und Vergleichbarkeit der Testergebnisse ist nur eingeschränkt und für die öffentliche Nutzung nicht geeignet.

Ein wichtiger Unterschied zum abschließenden BITV-Test ist, dass der entwicklungsbegleitende Test nur von einem Prüfer überwacht und durchgeführt wird. Das schmälert die Aussagekraft des Testergebnisses und kann daher auch nicht veröffentlicht werden. Häufig werden der entwicklungsbegleitende und der abschließende BITV-Test in Kombination durchgeführt um eine möglichst gutes Prüfungsergebnis zu erzielen. Viele Probleme in Sachen Barrierefreiheit lassen sich nach der Entwicklung nur schwer beheben. Genau dem wirkt eine begleitende Prüfung entgegen und beugt grobe Fehltritte vor. Die Barrierefreiheit ist somit eine beständige Konstante in der Prüfung der Entwicklungsarbeit und während der täglichen Umsetzung einer Anwendung immer präsent.

8.1.3 BITV-Selbstbewertung

Die BITV-Selbstbewertung ist ein webbasiertes Werkzeug, mit dem es jedem Entwickler und Designer möglich ist, seine eigene Webanwendung auf Barrierefreiheit zu testen. Der Test besteht aus einem Fragebogen mit 52 Prüfschritten, um die Zugänglichkeit eines Webangebots zu bestimmen. Die Prüfschritte bauen auf den Kriterien des eigentlichen BITV-Tests auf. Das Prüfergebnis des Selbsttests ist jedoch nicht mit den Ergebnissen einer Prüfung durch das BIK gleichzusetzen.

Möchte man sich mit einer eigenen Agentur als anerkannter BITV-Tester zertifizieren lassen, ist eine eigens entwickelte Webseite mittels der BITV-Selbstbewertung zu bewerten und das Ergebnis an das BIK weiterzuleiten. Stimmt das Prüfergebnis dann mit dem Ergebnis eines offiziellen

8 – Qualitätssicherung

BITV-Tests überein und weist der Webauftritt der Agentur ebenfalls vorbildlichen Barrierefreiheitsgrad auf, wird die Agentur in die Liste der 90plus-Agenturen aufgenommen und ist dazu berechtigt, den BITV-Test des BIK durchzuführen.

8.1.4 Aufbau der BITV

Die Kriterien der Barrierefreien Informationstechnik-Verordnung gliedern sich in zwei Prioritäten. Mit der Priorität 1 sind alle Kriterien eingestuft, die unbedingt in einer barrierefreien Webanwendung ungesetzt werden müssen. Die mit Priorität 2 eingestuften Kriterien sind zwar nicht zwingend vorgeschrieben, sollten aber trotzdem umgesetzt werden.

Diese Regelung ist besonders wichtig für Webangebote, die im öffentlichen Interesse sind und staatlich betreut werden. Hier sind die Kriterien, die mit der Priorität 1 eingestuft sind, zwingend zu erfüllen, damit das Angebot überhaupt in Betrieb genommen werden darf. Es gibt allerdings keine Regelung, was bei Nichtbeachten der Kriterien erfolgt, Sanktionen sind weder in der Verordnung noch an einer anderen Stelle festgehalten.

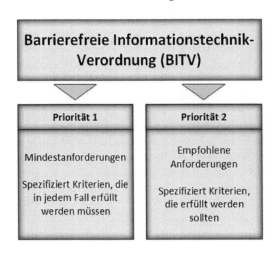

Abbildung 8.1: Aufbau der Barrierefreien Informationstechnik-Verordnung (BITV)

WCAG

BITV mit WCAG im Vergleich

An dieser Stelle ist ein Vergleich zwischen der BITV und den WCAG (Web Content Accessibility Guielines) sinnvoll. Die WCAG wurde bereits ausführlich im Kapitel *Fakten* erläutert. Zur Erinnerung: Die WCAG ist ein international anerkannter Kriterienkatalog für barrierefreie Webangebote, auf dessen Grundlage auch die BITV aufsetzt.

Der große Vorteil der WCAG gegenüber der BITV liegt in der Untergliederung der Kriterien in drei Prioritätsstufen. Das macht die stufenweise Optimierung einer Webanwendung deutlich leichter und lässt den anfallenden Aufwand für die Umsetzung besser überblicken.

Rechtverbindlich in Deutschland ist allerdings die BITV, und nur auf die Erfüllung der darin enthaltenen Kriterien kommt es an.

8.2 WCAG

Die Web Content Accessibility Guidelines sind ein international anerkannter und von der W3C veröffentlichter Kriterienkatalog, der von einer barrierefreien Webanwendung zu erfüllen ist.

Die Kriterien sind in drei Prioritätsstufen untergliedert. Die Kriterien, welche mit Priorität 1 ausgezeichnet sind, sind in jedem Fall zu erfüllen, sonst gilt das Angebot nicht als barrierefrei bzw. barrierearm. Die Kriterien der Priorität 2 sind als Soll anzusehen. Sie sind zwar nicht zwingend vorgeschrieben, gehören aber in einer Anwendung, die ernsthaft Wert auf Barrierefreiheit legt, umgesetzt. Zu guter Letzt sind noch die Priorität-3-Kriterien zu erwähnen, die als Kann einzustufen sind. Erfüllt man auch diese Kriterien mit seinem Angebot, kann man das durchaus als vorbildlich betrachten.

8 – Qualitätssicherung

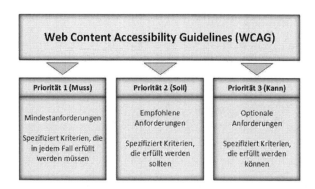

Abbildung 8.2: Aufbau der Web Content Accessibility Guidelines (WCAG)

8.3 BIENE

Das Thema barrierefreies Webdesign findet zunehmend Gehör in Bevölkerung und Wirtschaft. Um die Motivation weiter hoch zu halten und Unternehmen und andere private Einrichtungen dazu zu bewegen, sich weiter für barrierefreie Webinhalte einzusetzen, haben die Stiftung Digitale Chancen und die Aktion Mensch auf Grundlage der BITV ein Bewertungsverfahren entwickelt, um Internetangebote auf Barrierefreiheit zu überprüfen. Der so genannte BIENE-Award wurde 2003 ins Leben gerufen und prämiert Jahr für Jahr barrierefreie Webangebote in verschiedenen Kategorien. Die Kategorien waren bei der letzten Preisvergabe 2010:

- Unternehmen (Öffentliche und private Unternehmen, private Bildungseinrichtungen)
- Organisationen (Verbände, Stiftungen, Nichtregierungsorganisationen)
- Verwaltung (Kommunen, Bundes- und Landesbehörden, öffentliche Bildungseinrichtungen)
- Tagesaktuelle Medien

BIENE

Im Prinzip kann sich jeder mit seinem Angebot für den BIENE-Award bewerben und in einer der festgelegten Kategorien an den Start gehen.

8.3.1 Teilnahmevoraussetzungen

Weil die bisherigen Wettbewerbe gezeigt haben, dass einfache Webseiten relativ leicht barrierefrei zu gestalten sind, haben die Veranstalter die Mindestanforderungen für die Teilnahme erhöht. Webseiten, die sich um eine BIENE bewerben, müssen es Nutzerinnen und Nutzern mindestens ermöglichen, einen Transaktionsvorgang, beispielsweise eine Anmeldung oder eine Abfrage, einen Einkauf oder eine Buchung komplett barrierefrei abzuwickeln. Der Transaktionsvorgang muss dabei dem Kern des Angebots entsprechen, das heißt, eine Dienstleistung umfassen, die die Nutzerinnen und Nutzer bei einem Webangebot dieses Typs in der Regel erwarten können. Wenn diese Anforderungen erfüllt sind, ist es grundsätzlich auch möglich, Teillösungen einzureichen.

Angebote tagesaktueller Medien müssen nicht zwingend einen Transaktionsvorgang enthalten. Um in dieser Kategorie anzutreten, müssen die Angebote jedoch von einer eigenständigen Vollredaktion gepflegt werden. Das heißt: Wesentliche Teile des Mediums werden durch Redakteure dieses Mediums selbst erstellt und nicht von anderen Seiten übernommen.

Die Wettbewerbsbeiträge dürfen nicht gegen geltendes Recht verstoßen und müssen zum Zeitpunkt der Einreichung im Internet für die Öffentlichkeit verfügbar sein. Verpflichtend sind insbesondere die vollständige Anbieterkennung sowie die Information der Nutzer über die Datenschutzbedingungen nach dem Telemediengesetz sowie über allgemeine Geschäftsbedingungen (Quelle: *www.biene-award.de*).

8.3.2 Prüfkriterien

Die Prüfkriterien werden Jahr für Jahr neu festgelegt und sind individuell an den aktuellen Stand der Technik im Vergabejahr angepasst. Im Prinzip orientieren sich die Kriterien aber immer an folgenden Prinzipien:

8 – Qualitätssicherung

- Verständlichkeit
- Wahrnehmbarkeit
- Bedienbarkeit
- Orientierung
- Nachhaltige Nutzbarkeit
- Inhaltliche Relevanz und Integration
- Design

Die genauen Prüfkriterien werden mit jeder Ausschreibung für die jährliche Preisverleihung auf der Webseite des BIENE-Awards (*www.bieneaward.de*) veröffentlicht.

Ich möchte noch hinzufügen, dass die Vergabe des BIENE-Award auf unbestimmte Zeit eine Pause eingelegt hat. Die letzten Preise wurde 2010 vergeben. Die Stiftung Digitale Chancen und die Aktion Mensch versichern jedoch, dass es bald eine Fortsetzung der Preisvergabe geben wird, wann ist allerdings noch unbekannt.

8.3.3 Preise

Die besten Webangebote, die für den jeweiligen BIENE-Award eingereicht wurden, werden mit einer BIENE prämiert. Abhängig vom erreichten Ergebnis und einem abschließenden Urteil einer Jury werden die Preise in den Stufen Gold, Silber und Bronze vergeben. Der Wettbewerb hat einen rein ideellen Gedanken und wird nicht mit weiteren Geld- oder Sachpreisen prämiert.

8.4 Nutzertests

Eine Webanwendung sollte vor der Inbetriebnahme ausführlich getestet werden. Das schließt auch die Barrierefreiheit mit ein. Der BITV-Test, der

Nutzertests

in einem der vorherigen Abschnitte vorgestellt wurde, ist eine Möglichkeit, seine Anwendung auf Barrierefreiheit testen zu lassen.

Eine weitere sehr gute Möglichkeit zur Sicherung von Qualität ist der Nutzertest. Hierbei testen viele verschieden veranlagte Menschen (z. B. Erfahrung, Fachhintergrund, Denkweise, körperliche Voraussetzung) die Webanwendung und durchlaufen verschiedene Prozesse. Als Ergebnis erhalten Sie hier kein „richtig" oder „falsch" sondern nur „funktioniert" oder „funktioniert nicht".

Bei einem Nutzertest kommen meist Barrieren ans Tageslicht, die vom Entwicklerteam nicht wahrgenommen wurden. Ein Kunde äußerte sich einmal mir gegenüber folgendermaßen: „Der Entwickler ist der denkbar schlechteste Tester seiner Arbeit!" Und damit hat er vollkommen Recht, denn der Entwickler versucht bereits während seiner Arbeit, mögliche Fehler abzufangen und zu umgehen – doch was ist mit den Fehlern, die ihm nicht bewusst sind? Genau diese fallen dann in einem Nutzertest auf, da die Benutzer ihre eigene Vorgehensweise haben, um einen Prozess zu durchlaufen, und dieser deckt sich in den wenigsten Fällen mit der des Entwicklers.

Der Nutzertest sollte iterativ aufgebaut sein, d. h. Funktionalität wird nach Fertigstellung bereitgestellt, getestet, verbessert und anschließend erneut getestet. Hierbei unterscheidet man grundsätzlich zwei Arten von Tests (Abb. 8.3):

Usability-Test

Hierbei testet ein Anwender eine komplette Webanwendung, einen Prototyp oder Entwürfe einzelner Webseiten. Es gilt nun, das Anliegen des im Test verfügbaren Materials zu analysieren und zu erkennen. Hierbei soll der Proband anhand einer konkreten Aufgabenstellung die Anwendung benutzen. Ein Test zur Feststellung der Benutzerfreundlichkeit (Usability) ist so früh wie möglich im Projektverlauf durchzuführen, um mögliche Schwachstellen leicht und unkritisch beheben zu können.

8 – Qualitätssicherung

Fokusgruppentest

In diesem Test wird die Reaktion einer kleinen Gruppe von Probanden auf Prozessverläufe und Designs innerhalb einer Webanwendung protokolliert. Im Anschluss diskutiert die Gruppe gemeinsam über die geäußerten Meinungen und arbeitet Vor- und Nachteile des gezeigten Materials heraus. Fokusgruppen werden eingesetzt, um Wünsche, Bedürfnisse und Vorlieben einer Zielgruppe zu bestimmen. Diese Testart sollte daher so früh wie möglich durchgeführt werden. Der richtige Zeitpunkt für diesen Test ist bereits in der Konzeptionsphase.

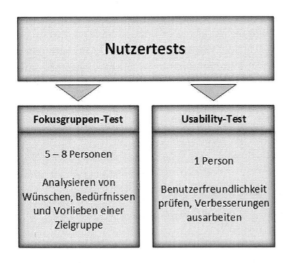

Abbildung 8.3: Arten von Nutzertests

Auswertung der Testergebnisse

Die Ergebnisse eines Nutzertests und die darin gefunden Probleme werden sowohl nach der Usability-Relevanz als auch nach dem Korrekturaufwand beurteilt und gewichtet. Probleme, welche die Usability enorm beeinträchtigen, aber in kurzer Bearbeitungszeit zu beheben sind, werden mit einer hohen Priorität gekennzeichnet. Probleme hingegen,

Tools für den Selbsttest

die kaum einen Mehrnutzen für den Anwender bringen oder deren Behebung sehr zeitintensiv ist, werden mit einer mittleren bzw. niedrigen Priorität eingestuft. Nach Möglichkeiten sollte zum Zeitpunkt der Inbetriebnahme kein Problem mehr unbearbeitet und offen sein.

Berücksichtigen Sie bei der Vorbereitung der Tests, dass ein Benutzer auch auf einer Unterseite der Anwendung einsteigen kann, da er beispielsweise direkt von einer Suchmaschine auf Ihr Angebot verwiesen wurde. Auch dann sollte sich der Nutzer auf Anhieb zurechtfinden und in der Lage sein, ab dem Einstiegspunkt die Anwendung bedienen zu können. Dieses Szenario kann man noch verschärfen, indem man unnötige Texte und Informationen, die für die Navigation durch die Anwendung nicht notwendig sind, mit Fülltexten (dem so genannten Lorem-ipsum-Blindtext) ersetzt, um die Testperson nicht vom eigentlichen Testgegenstand abzulenken.

Eine Webanwendung ist relativ langlebig und wird von Zeit zu Zeit um weitere Module, Funktionalitäten und Inhalte ergänzt. Denken Sie auch in diesem Fall daran, die neuen Inhalte wieder über einen Test auf Qualität sichern zu lassen. Fragen Sie sich im Vorfeld ernsthaft, ob die neue Erweiterung dem Anwender einen wirklichen Mehrwert bringt und sie sich sinnvoll in die Gesamtanwendung einfügen wird.

8.5 Tools für den Selbsttest

Eine schlechte Nachricht gleich zu Beginn: Ein Tool, das in der Lage ist, eine Anwendung komplett auf Barrierefreiheit zu validieren, gibt es leider nicht. Die möglichen Hürden in einer Software für Nutzer mit Behinderungen sind einfach zu vielfältig und zu unterschiedlich. Da helfen nur der geschulte Blick und die Analyse eines Spezialisten.

Mittlerweile gibt es aber eine Vielzahl an Tools, die den Entwickler dabei unterstützen, Webanwendungen barrierefrei zu entwickeln oder auf Barrierefreiheit zu optimieren. Die nützlichsten Tools sollen an dieser Stelle kurz vorgestellt werden.

8 – Qualitätssicherung

8.5.1 Lynx

Lynx ist ein textbasierter Webbrowser, der eine Webanwendung in reiner Textform darstellt. Ein unverzichtbares Tool, wenn man sein Angebot für Screen Reader optimieren möchte. Lynx stellt eine Anwendung so dar, wie sie auch ein Screen Reader darstellen und interpretieren würde. Damit fällt die Optimierung der eigenen Software auf Barrierefreiheit im Hinblick auf Screen Reader deutlich leichter und macht Änderungen an der HTML-Struktur in diesem Kontext sichtbarer.

Die Installation von Lynx ist nicht ganz so trivial wie man das zunächst erwartet. Da das Tool ursprünglich für die Linux-Welt entwickelt wurde, bedarf es schon etwas Erfahrung, um das Programm zu installieren. Abhilfe schafft hier eine Erweiterung für den Internet Explorer mit dem Namen Webformator (*www.webformator.de*). Ein Pendant dazu ist auch für den Firefox erhältlich. Wem auch dieser Installationsaufwand zu hoch erscheint, der kann zu guter Letzt auf den kostenlosen Lynx Viewer zurückgreifen, der online frei zugänglich ist: *www.delorie.com/web/lynxview.html*.

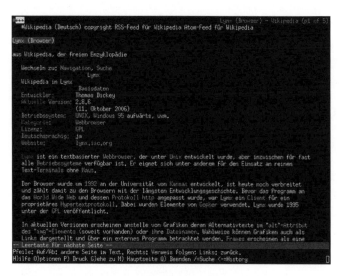

Abbildung 8.4: Darstellung der Wikipedia-Website mit Lynx

Tools für den Selbsttest

8.5.2 JAWS

Job Access With Speech (JAWS) ist der wohl bekannteste Screen Reader und kommt bei einem Großteil der sehbehinderten Webbenutzer zum Einsatz. Das Programm ist in der Lage, eine Webanwendung in reiner Textform anzuzeigen und darüber hinaus die Inhalte vorzulesen. JAWS integriert sich über ein Add-on in den Internet Explorer und vereinfacht somit die Bedienung immens. Der Screen Reader kann zu Testzwecken ohne Lizenzierung auf einem Rechner installiert und für 40 Minuten als Demoversion genutzt und getestet werden.

Eine Alternative zur JAWS-Installation ist ein kostenloses Firefox-Plugin mit dem Namen Fangs. Hierbei handelt es sich um einen Screen-Reader-Emulator, mit dem eine Webseite auf ihre Fähigkeit zur Sprachausgabe getestet werden kann.

Es sei an dieser Stelle erwähnt, dass JAWS in Deutschland ein zugelassenes Hilfsmittel ist, das nach der Feststellung der medizinischen Notwendigkeit von den gesetzlichen Krankenkassen übernommen und bezuschusst wird.

8.5.3 Colorblind Webpage Filter

Der Colorblind Webpage Filter (*colorfilter.wickline.org*) ist ein Onlinetool, mit dem man Webanwendungen so anzeigen kann, wie sie von einem Farbenblinden wahrgenommen werden. Das Tool simuliert verschiedene Farbfehlsichtigkeiten und bietet darüber hinaus die Möglichkeit, das Angebot in Graustufen darzustellen. Auf diese Weise kann geprüft werden, ob die Kontraste der Anwendung vorteilhaft gewählt wurden.

8.5.4 Accessibility Evaluation Toolbar

Hierbei handelt es sich um eine Toolbar, die ausschließlich für den Firefox-Webbrowser entwickelt wurde. Sie stellt zahlreiche Hilfsmittel bereit, um eine Webanwendung auf Barrierefreiheit zu analysieren. Beispielsweise kann ein Report angefordert werden, der automatisch

8 – Qualitätssicherung

erkennbare Barrieren auflistet und ausweist. Weiterhin können Skripte, CSS-Formatierungen sowie Peripheriegeräte (Maus, Tastatur) deaktiviert werden, um die Gegebenheiten an einem behindertengerechten Arbeitsplatz zu simulieren. Darüber hinaus stehen Validatoren zur Verfügung, um zum Beispiel HTML Markup auf seine Konformität zu prüfen.

Abbildung 8.5: Accessibility Evaluation Toolbar im Firefox-Browser

8.5.5 Validatoren

W3C Validator

Die W3C stellt einen offiziellen Validator zur Prüfung auf Konformität von HTML Markup und CSS zur Verfügung (*validator.w3.org*). Mit diesem Hilfsmittel lassen sich Fehler im Markup aufspüren und leicht beseitigen.

Nach erfolgreicher Prüfung erhält der Tester einen umfangreichen Fehlerbericht über die Stellen im HTML-Code, die nicht dem im Dokument definierten Doctype entsprechen.

Es ist hierbei zu beachten, dass jede Webseite einer Anwendung separat geprüft und validiert werden muss. Das Prüfergebnis des W3C Validators gilt nur für die angegebene Seitenadresse.

Tools für den Selbsttest

Errors found while checking this document as XHTML 1.0 Strict!	
Result:	32 Errors, 2 warning(s)
Address:	http://www.
Encoding:	utf-8 (detect automatically)
Doctype:	XHTML 1.0 Strict (detect automatically)
Root Element:	html
Root Namespace:	http://www.w3.org/1999/xhtml

Abbildung 8.6: Zusammenfassung eines Prüfergebnisses des W3C Validators

HERA

HERA ist ein Validator zur Überprüfung von Richtlinien, die sich auf Barrierefreiheit beziehen. Grundlage des Tests sind die Web Content Accessibility Guidelines (WCAG 1.0). Der Test läuft vollkommen automatisch und spürt alle Fehler auf, die sich automatisch auffinden lassen. Zudem werden Warnungen und Hinweise im Prüfergebnis ausgegeben, die eine manuelle Bearbeitung durch den Entwickler erfordern.

HERA ist ein kostenloser Service und kann auf alle Arten von Webanwendungen angewendet werden.

Status der Prüfpunkte

Priorität	Benötigt Überprüfung	Überprüft	Fehler	N/A
P1 WCAG 1.0	7	--	2 ✗	8 ✓
P2 WCAG 1.0	18	2 ✓	4 ✗	5 ✓
P3 WCAG 1.0	11	1 ✓	2 ✗	5 ✓

Abbildung 8.7: Prüfergebnis von HERA

9 Portable Document Format

Einige Tage vor der Fertigstellung dieses Buchs habe ich mich dazu entschlossen, dem Thema Portable Document Format (PDF) ein eigenes Kapitel zu widmen, um Ihnen auch in diesem Bereich ausreichendes Grundwissen mit auf den Weg zu geben.

Das PDF ist ein plattformübergreifendes Dateiformat für Dokumente und wurde von Adobe entwickelt. Dokumente in Form eines PDF haben sich im Web zum Standard für die Weitergabe von Dokumenten entwickelt. Der Vorteil dieses Formats liegt auf der Hand: Auf jeder Workstation und jeder Plattform wird ein Dokument gleich dargestellt.

Da das Format im Internet so weit verbreitet ist, soll es in diesem Kapitel darum gehen, PDF-Dokumente so barrierefrei wie möglich zu gestalten, um Sie auch dem Benutzer eines Screen Readers gut zugänglich zu machen.

Ich nehme schon einmal vorweg, dass weder der Distiller von Adobe noch andere Konverter, die in den Druckoptionen eingestellt werden können, sich zum barrierefreien Erstellen von PDF-Dokumenten eignen. Lediglich Adobe Acrobat verfügt über grundlegende Funktionalitäten, um aus strukturierten Word-Dokumenten barrierefreie PDFs (tagged PDF) zu erzeugen. Dabei bedeutet „tagged PDF", dass in PDF-Dokumenten Überschriften, Listen, Links und Grafiken auf einer Strukturebene mit Tags gekennzeichnet werden. Ab der Professional Version 7 des Acrobat stehen zahlreiche weitere Hilfen zu diesem Thema zur Verfügung.

9.1 Konzept hinter einem PDF

Das PDF ist ein Format zur Weitergabe von Präsentations- und Publikationsinhalten. Man kann sich ein PDF wie einen Container vorstellen, in

9 – Portable Document Format

den Texte, Listen, Tabellen u. v. m. eingefügt werden. So wie der Ersteller diese Elemente im Dokument platziert, so werden sie auf einem anderen Endgerät bei einem anderen Benutzer auch dargestellt. Der Leser benötigt nur die aktuelle Version des Adobe Readers, der kostenlos für alle gängigen Plattformen aus dem Internet bezogen werden kann.

Stellen Sie sich die Datei wie eine ausgedruckte Seite Papier vor. Denn das Prinzip hinter dem PDF ist das Gleiche. Ein Dokument, das Sie auf eine Seite Papier drucken, verändert nie wieder die Position der einzelnen enthaltenen Inhalte, egal wem Sie dieses ausgedruckte Papier bzw. Dokument weitergeben, es wird immer gleich aussehen, egal von wem es betrachtet wird.

9.1.1 PDF und Barrierefreiheit

Bei einem barrierefreien PDF-Dokument ändert sich dieses Prinzip kaum. Es werden lediglich weitere Angaben wie Strukturinformationen, Alternativtexte oder Sprachauszeichnungen hinzugefügt. Diese Informationen sind gerade für Benutzer eines Screen Readers von großer Bedeutung. Auch hier gelten in Bezug auf Texte, Grafiken, Überschriften, Absätze etc. die gleichen Regeln wie auch schon bei einer Seite einer Webanwendung.

Auch die Nutzergruppen von Vergrößerungssoftware, mobilen Endgeräten oder Kontrastprogrammen sind auf ein barrierefreies PDF angewiesen, um die Inhalte verstehen zu können.

9.1.2 Strukturinformationen

Strukturinformationen, so genannte Tags, sind für die barrierefreie Lesbarkeit eines PDF-Dokuments unerlässlich. Die Zugänglichkeit für Sprachausgaben und Braille-Zeilen wird durch das Anfügen von Strukturinformationen maßgeblich erhöht. Sie erlauben unter anderem

- die Markierung von Absätzen, Überschriften, Listen oder Tabellen
- das Benutzen der Navigation innerhalb des Dokuments (Inhaltsverzeichnisse und Lesezeichen)

Konzept hinter einem PDF

- Alternativtexte für Bilder zu definieren
- Textabschnitte als Fließtext zu definieren, um die starke Vergrößerung eines Dokuments zu unterstützen, sodass der Text trotzdem lesbar und im Fluss bleibt
- dass fremdsprachige Passagen und Wörter vom Screen Reader richtig ausgesprochen werden
- das Konvertieren des Dokumententexts in eine reine Textdarstellung zur Verbesserung der Lesbarkeit

9.1.3 Faktoren

Um bei PDF-Dokumenten eine grundlegende Zugänglichkeit zu erreichen, müssen verschiedene Faktoren zusammenspielen:

Programm zur Übernahme der Strukturen in PDF

Das Erstellen von strukturierten PDF ist bisher nur mit Software von Adobe Systems möglich. Doch selbst mit Adobe-Programmen gibt es unterschiedliche Methoden, PDF-Dokumente zu erzeugen, und nur bestimmte Methoden genügen den Anforderungen der Barrierefreiheit.

Ab Microsoft Word 2000 kann über das Plug-in *PDFMaker* (das als Menü ADOBE PDF in der Word-Menüleiste erscheint) sowie über das Acrobat-Programm selbst ein strukturiertes PDF-Dokument erzeugt werden.

Strukturierte Originaldateien

Die Datei, z. B. ein Microsoft-Word-2013-Dokument, aus der ein PDF-Dokument erstellt wird, muss strukturierte Inhalte aufweisen. Ein genaues Arbeiten in der Originaldatei erspart aufwändiges Nacharbeiten in Acrobat bei der Erzeugung von Barrierefreiheit. Für das Arbeiten in Microsoft Word 2013 bedeutet das die konsequente Anwendung von Formatvorlagen, um notwendige Strukturinformationen anzulegen.

9 – Portable Document Format

Erforderliche Software

Für textbasierte Dokumente mit einfachem Layout ergibt sich der beste Workflow im Zusammenspiel von Microsoft Office ab 2000 und Acrobat Professional ab Version 7.

Auch wenn es alternative und kostenlose Möglichkeiten für die Erstellung von „tagged PDFs" gibt, etwa mit dem Microsoft Office 2013 Plugin *Save as PDF* oder Open Office ab der Version 2, beschränke ich mich in diesem Kapitel auf die Bearbeitung mit Microsoft Office 2013 sowie Adobe Acrobat 8 Professional.

Im Allgemeinen bietet Microsoft Office sehr gute Voraussetzungen, Dokumente vor der Umwandlung in ein PDF zu strukturieren. Sowohl bei dieser Arbeitsweise als auch bei alternativen Möglichkeiten ist aber eine Nachbearbeitung der PDFs in Adobe Acrobat unerlässlich. Auch für aufwändigere Layouts muss der Anbieter auf Adobe-Software zurückgreifen: InDesign für gestaltete Dokumente oder Live Cycle Designer für Formulare.

Screen-Reader-Kompatibilität

Eine wesentliche Barriere sind PDF-Dokumente für die Nutzer von Screen Readern. Die Strukturen in einem PDF können nur bedingt von den Screen Readern ausgelesen werden. Erst die Version 7 des Adobe Readers (Dezember 2004) unterstützte umfassend das Auslesen von „tagged PDFs". Die modernen Versionen von Screen Readern sind in der Lage, die von Adobe Reader ab Version 7 bereitgestellten Strukturinformationen zuverlässig auszuwerten. Die Version 5.1 des Screen Readers JAWS kann auch mit Adobe Reader 7 zusammenarbeiten, kommt jedoch nicht an dieselben Informationen wie JAWS 6.1 (Mai 2005). Erst JAWS 10 (Juni 2009) in Zusammenarbeit mit Adobe Reader 8 liefert akzeptable Ergebnisse, die bei einem barrierefreien PDF-Dokument vergleichbar mit einem barrierefreien HTML-Dokument sind.

Software und Arbeitsweise

Nutzer

Wer etwas erst lernen muss, um es zu nutzen, steht auch vor einer Lernbarriere. Da die Zugänglichkeitsfeatures vom Adobe Reader von anderen Desktopanwendungen erheblich abweichen, ist der Lernaufwand, Features kennen zu lernen und nutzen zu können, größer als sonst. Zudem sind die meisten PDF-Dokumente nicht barrierefrei, sodass die Einarbeitung meist mit nicht zugänglichen PDF-Dokumenten stattfindet. Damit sind die Erfolgsaussichten zumindest nicht so hoch, wie sie sein könnten.

(Markus Erle, Eric Hellbusch: „PDF und Barrierefreiheit", http://www.barrierefreies-webdesign.de/knowhow/pdf/pdf-verstehen.html, Abschnitt Faktoren, Barrierefreies Webdesign)

9.2 Software und Arbeitsweise

Grundlage für ein barrierefreies PDF-Dokument ist eine Software, mit der sich Strukturinformationen zuweisen lassen und die mit Adobe Acrobat zusammenarbeiten. In diesem Kapitel möchte ich mich auf Microsoft Word konzentrieren, das diese Bedingungen erfüllt. Wird eine Software zur Dokumenterstellung benutzt, mit der dem Inhalt Strukturinformationen hinzugefügt werden können, so muss dies aufwändig in einer Nacharbeit mit Adobe Acrobat erfolgen.

Wenn Sie Word als Grundlage für das Erstellen von zugänglichen PDF-Dokumenten verwenden, dann sollten Sie unbedingt darauf achten, dass das Acrobat Plug-in *PDFMaker* installiert ist und in Word in der Navigation zur Verfügung steht. Der Weg über das Druckmenü eignet sich für das Erstellen eines barrierefreien PDFs nicht, weil er keine Strukturinformationen überträgt.

9 – Portable Document Format

Nachbearbeitung

Liegt ein PDF-Dokument vor, dessen Original bzw. zugrunde liegendes Word-Dokument nicht mehr auffindbar ist, muss es mit Adobe Acrobat nachbearbeitet und die Strukturen müssen von Hand gepflegt werden. Bei einfachen Dokumenten, die visuell eine gut gegliederte Struktur erkennen lassen, lohnt der Versuch der automatischen Strukturierung durch Acrobat.

Acrobat versucht anhand von erkennbaren Strukturen, die auf der Textgröße, Farbe, markanten Markierungen basieren, das PDF manuell mit Tags (Struktur- und Unicode-Informationen) zu versehen. Je nach Dokumententyp kann mit der automatischen Strukturierung ein akzeptables Ergebnis erzielt werden, oder aber die Nacharbeitung ist unbrauchbar. In jedem Fall ist ein abschließender Test des Dokuments auf Barrierefreiheit unabdingbar.

PDF-Dokumente nachzuarbeiten, weil die Anwendung, mit der das Dokument erstellt wurde, das Setzen von Strukturinformationen nicht unterstützt hat oder die erforderlichen Kriterien zur Erzeugung eines zugänglichen PDFs nicht eingehalten wurden, kann sehr aufwändig sein. Selbst wenn man berücksichtigt, dass Acrobat viele Hilfsmittel für die manuelle Bearbeitung zur Verfügung stellt, so kann der Aufwand doch sehr hoch sein, wenn sich der Inhalt des Dokuments regelmäßig ändert. In diesem Fall muss nach jeder Erzeugung des PDF-Dokuments aus der Quelle heraus eine erneute vollständige Nachbearbeitung durchgeführt werden.

9.3 Voraussetzungen schaffen

Ähnlich wie in einem HTML-Dokument lassen sich auch die Elemente in einem PDF (z. B. Überschriften, Absätze, Listen oder Tabellen) strukturieren und auszeichnen. Einfach ist es, wenn man mit der Strukturierung

Voraussetzungen schaffen

und Auszeichnung der Elemente bereits während der Erstellungsphase des Dokuments beginnt, in unserem Fall in Word. Bereits hier gilt es, Voraussetzungen für ein zugängliches PDF-Dokument zu schaffen.

9.3.1 Bearbeitung in Word

Um später ein barrierefreies PDF-Dokument erzeugen zu können, müssen in Word alle Textelemente mit einem eindeutigen Format ausgezeichnet sein, das der Funktion und der Bedeutung des Texts entspricht. Die erforderlichen Formatvorlagen werden über die Standardvorlage *Leeres Dokument* automatisch von Word ins Dokument geladen. Es ist natürlich möglich, auf Basis der Standardvorlage auch eigene Formatierungen zu kreieren und sie dann zur Auszeichnung von Elementen zu verwenden.

Im Folgenden einige Tipps, was Sie bei der Bearbeitung eines Word-Dokuments beachten sollten:

- Strukturierung und Gliederung des Word-Dokuments mit entsprechenden Formatvorlagen (z. B. *Überschrift 1, Überschrift 2, Standard, Fußzeile, Kopfzeile* etc.)

- Für die Spalteneinteilung einer Seite: Nutzung der entsprechenden Funktion in Word (SEITENLAYOUT | SPALTEN); mit Tabulatoren simulierte Spalten sind nicht barrierefrei

- Keine Platzierung von wichtigen Informationen in der Kopf- oder Fußzeile, da diese von Acrobat nicht mit Strukturinformationen versehen werden

- Grafiken und Bilder sind mit Alternativtexten zu versehen; hierzu genügt ein Rechtsklick auf die Grafik und anschließend GRAFIK FORMATIEREN ... (Abb. 9.1)

- Die vorherrschende Sprache des Dokuments muss festgelegt werden im Tab ÜBERPRÜFEN | SPRACHE | SPRACHEINSTELLUNGEN

9 – Portable Document Format

Abbildung 9.1: Definition eines Alternativtexts für Grafiken in Word

9.3.2 Einstellungen

Wir stehen nun kurz vor der Erzeugung unserer ersten barrierefreien PDF-Datei. Der letzte Schritt besteht darin, das Word-Dokument in ein PDF umzuwandeln. Hier kann man zwischen zwei Vorgehensweisen wählen:

- Erzeugung des PDFs direkt aus Word heraus
- Erstellung des PDFs über den Adobe Acrobat

Hierbei ist es völlig egal, mit welchem Programm Sie das PDF erzeugen, das Ergebnis wird das gleiche sein. Leider habe ich an dieser Stelle eine schlechte Nachricht für alle Office-2013-Nutzer. Das *PDFMaker* Plug-in von Adobe, das Sie bei der Generierung eines PDFs aus Word heraus unterstützt, ist bis zum Erscheinungstermins dieses Buchs noch nicht für die Version 2013 verfügbar. Adobe arbeitet aber bereits an einer Auslieferung des *PDFMaker* für Word 2013.

Deshalb werde ich mich an dieser Stelle auf die Erstellung eines PDFs mit dem Adobe Acrobat beschränken. Das hat einen entscheidenden Vorteil: Hier müssen nicht ganz so viele Einstellungen gemacht werden wie beim Word-Plug-in.

Voraussetzungen schaffen

1. In Adobe Acrobat X Pro erreichen Sie die Einstellungen über das Menü BEARBEITEN | VOREINSTELLUNGEN ...

2. Im nun geöffneten Dialogfenster (Abb. 9.2) wählen Sie die Kategorie IN PDF KONVERTIEREN aus und dann aus der Auswahlliste den Eintrag MICROSOFT OFFICE WORD. Über die Schaltfläche EINSTELLUNGEN BEARBEITEN ... erreichen Sie dann das nächste Dialogfenster (Abb. 9.3).

3. Unter ADOBE PDF-EINSTELLUNGEN wählen Sie *Standard* aus und klicken anschließend auf die BEARBEITEN ...-Schaltfläche. Sie landen in einem dritten Dialogfenster (Abb. 9.4).

4. Wählen Sie die Registerkarte ALLGEMEIN aus und stellen Sie die KOMPATIBILITÄT auf *Acrobat 5.0 (PDF 1.4)* ein. Aktivieren Sie zudem die Option FÜR SCHNELLE WEBANZEIGE OPTIMIEREN. Anschließend schließen Sie den Dialog mit OK. Da die Standardvorlage für die Erzeugung von Word-Dokumenten schreibgeschützt ist, werden Sie nun aufgefordert, eine eigene Kopie der Vorlage zu speichern. Vergeben Sie einen Dateinamen im *Speichern*-Dialog und schließen dann alle Dialog mit OK.

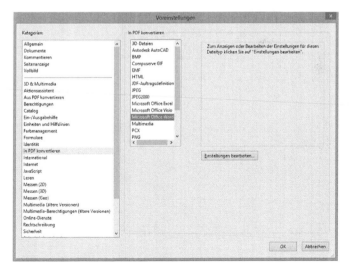

Abbildung 9.2: Voreinstellungen im Adobe Acrobat X Pro

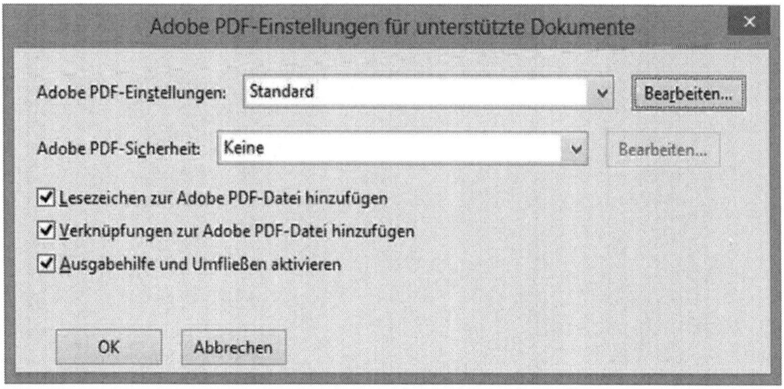

9 – Portable Document Format

Abbildung 9.3: Adobe-PDF-Einstellungen für Word-Dokumente

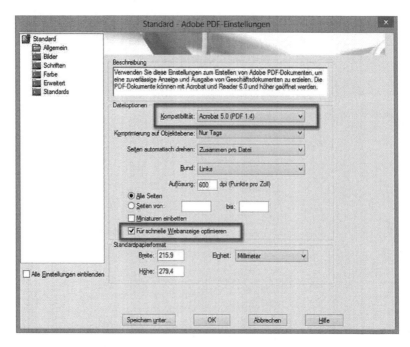

Abbildung 9.4: Modifikation der Standardvorlage zur Erzeugung eines PDFs

Lesezeichen

Ab sofort können Sie Word-Dokumente über das Menü DATEI | PDF ERSTELLEN | PDF AUS DATEI in ein PDF-Dokument umwandeln, das den Kriterien der Barrierefreiheit entspricht.

9.4 Lesezeichen

Lesezeichen sind eine Mischung aus Navigation, Inhaltsverzeichnis und Sprungmarken. Sie eignen sich zur schnellen Navigation durch ein PDF-Dokument. Die Lesezeichen können im günstigsten Fall direkt aus der Struktur heraus generiert werden, und das schon beim Erzeugen der PDF-Datei. Auf diese Weise sind Strukturelemente in einem Dokument direkt anspringbar, technisch also mit den Sprungmarken in HTML zu vergleichen.

Lesezeichen sind für die Barrierefreiheit eines PDF-Dokuments unverzichtbar und ab einem gewissen Seitenumfang absolute Pflicht.

9.4.1 PDFMaker

Der PDFMaker, der automatisch von der Adobe-Acrobat-Installation in Word integriert wird, hilft dabei, Elemente als Sprungmarken bzw. Lesezeichen zu definieren. In der Registerkarte LESEZEICHEN können die Voreinstellungen für die automatische Generierung getroffen werden. Es empfiehlt sich, alle Überschriften und gegebenenfalls die in Word definierten Lesezeichen zu übernehmen.

9.4.2 Nachbearbeitung mit Acrobat

Lesezeichen können aber auch in der Nachbearbeitung direkt mit Adobe Acrobat definiert werden (Abb. 9.5). Hierzu einfach in der Liste ein neues Lesezeichen anlegen, eine Bezeichnung vergeben und anschließend das Dokument an die Stelle scrollen, die später auch vom Lesezeichen angesprungen werden soll. Abschließend genügt ein Rechtsklick auf das Lesezeichen und die Auswahl des Menüeintrags ZIEL FESTLEGEN. Auf diese Weise kann ein PDF-Dokument nachträglich mit Lesezeichen versehen werden, wenn die Generierung aus Word nicht funktionieren sollte.

Abbildung 9.5: Definition von Lesezeichen mit Acrobat X Pro

9.5 Sprachauszeichnung

Adobe Acrobat übernimmt beim Generieren eines PDFs die Sprachauszeichnung, die in Word bereits definiert wurde (ÜBERPRÜFEN | SPRACHE | SPRACHEINSTELLUNGEN …).

Die Sprache ist in einem barrierefreien PDF-Dokument unbedingt festzulegen, damit ein Screen Reader die enthalten Texte auch korrekt aussprechen kann. Ein bestehendes PDF kann auch über den Acrobat selbst mit einer Dokumentensprache ausgezeichnet werden. Die Einstellung hierzu findet sich im Menü DATEI | EIGENSCHAFTEN … und im sich öff-

Sprachauszeichnung

nenden Dialogfenster unter dem Reiter ERWEITERT (Abb. 9.6). Hier können übrigens auch noch weitere Dokumenteneigenschaften wie Titel, Beschreibung u. v. m. eingestellt werden.

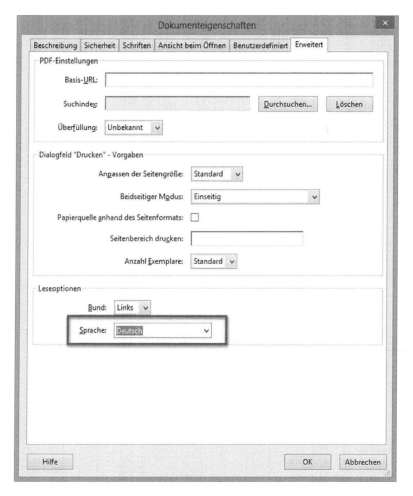

Abbildung 9.6: Definition von Dokumenteneigenschaften für ein PDF

Einzelne Elemente lassen sich übrigens über die Tags mit einer anderen Sprache auszeichnen. Hierzu einfach das Navigationsfenster TAGS öffnen und dort das Tag mit der rechten Maustaste anklicken, das modifiziert werden soll. Anschließend im Kontextmenü EIGENSCHAFTEN ... auswählen und in den TOUCHUP-EIGENSCHAFTEN die Sprache des Tags festlegen.

9.6 Sicherheitseinstellungen

In diesem letzten Abschnitt dieses Kapitels noch ein paar Worte zu den Sicherheitseinstellungen von PDF-Dokumenten, da es hier einen wichtigen Punkt in Bezug auf Barrierefreiheit zu beachten gibt.

Es ist möglich, PDF-Dokumente zu schützen, um sie vor unbefugtem Drucken oder Kopieren zu bewahren. Gesperrte Dokumente sind zunächst aber auch für Screen Reader nicht lesbar.

Verschlüsselung

Wenn PDF-Dokumente mit der Verschlüsselung 40 bit kopiergeschützt sind, ist der Zugang über einen Screen Reader zu den Inhalten des Dokuments nicht möglich. Anstelle dieser Verschlüsselung ist eine 128-bit-Verschlüsselung zu wählen und die Option zu aktivieren, dass das Dokument für Screen Reader freigeschaltet werden soll.

Gehen Sie beim Einstellen einer Verschlüsselung wie folgt vor:

1. In den Dokumenteneigenschaften (DATEI | EIGENSCHAFTEN ...) gibt es einen Reiter SICHERHEIT, in dem eine Verschlüsselung definiert werden kann

2. Als SICHERHEITSSYSTEM wählen Sie *Kennwortschutz* aus der Liste aus und gelangen in den Dialog KENNWORTSCHUTZ

Sicherheitseinstellungen

3. Stellen Sie nun sicher, dass die KOMPATIBILITÄT nicht auf *Acrobat 3.0 und höher* eingestellt ist (Abb. 9.7).

4. Im Abschnitt BERECHTIGUNGEN ist darauf zu achten, dass die Option TEXTZUGRIFF FÜR BILDSCHIRMLESEHILFEN FÜR SEHBEHINDERTE AKTIVIEREN aktiviert ist (Abb. 9.7).

5. Nachdem Sie Ihre Einstellungen vorgenommen haben, können Sie alle offenen Dialoge mit *OK* schließen

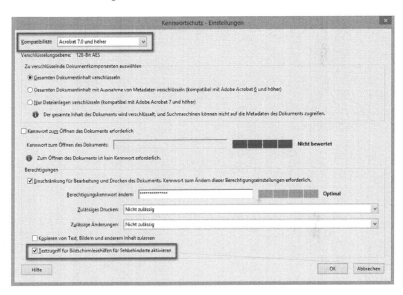

Abbildung 9.7: Einstellungen für den Kennwortschutz eines PDFs

Ich empfehle an dieser Stelle, die Verschlüsselung stets mit dem Adobe Acrobat einzustellen und nicht schon bei der Generierung des Dokuments mit dem Word Add-in *PDFMaker*.

10 Fazit

Sie sind nun fast auf der letzten Seite dieses Buchs angekommen. Bevor Sie es aber vollständig auf links drehen, möchte ich die Gelegenheit nutzen, um Bilanz zu ziehen.

10.1 Merkmale und Komponenten

Als Sie mit dem Lesen dieses Buchs begonnen haben, hätten Sie da gedacht, dass sich Barrierefreiheit aus so vielen verschiedenen Komponenten zusammensetzt? Nicht nur auf die Technik kommt es an, mit diesem Vorurteil sind sicher viele in dieses Buch gestartet. Ebenso mit der Vorstellung, dass Barrierefreiheit nur für Blinde und körperlich behinderte Menschen nötig sei. Auch das Layout, Sprache und Diktion, Layout und Struktur sowie der Blick über den Tellerrand in Richtung mobile Endgeräte oder externe Dokumentenformate wie PDF gehören zum Thema Barrierefreiheit in Webanwendungen (Abb. 10.1).

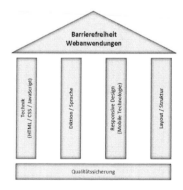

Abbildung 10.1: Merkmale und Komponenten der Barrierefreiheit im Web

10 – Fazit

Das Fundament einer barrierefreien Webanwendung stellt eine engagierte und ernstgenommene Qualitätssicherung dar. Nur dann hat die Barrierefreiheit fortlaufend in einer wachsenden Anwendung Bestand.

10.2 Antrieb zur Durchführung

Dass barrierefreie Webanwendungen nur für Menschen mit einer Behinderung von Interesse ist, habe ich in diesem Buch ebenfalls widerlegt. Von Barrierefreiheit hat jeder etwas, selbst die Designer und Entwickler können daraus einige Vorteile ziehen.

Dennoch muss die Barrierefreiheit zu einem festen Bestandteil einer Softwareentwicklung werden. Eine Analyse nach Fertigstellung einer Anwendung bringt lange nicht den Erfolg mit sich, der aus einer entwicklungsbegleitenden Sicherung der Barrierefreiheit resultiert.

Barrierefreiheit muss von jedem einzelnen Designer, Entwickler und Verantwortlichen, der an einem Webprojekt mitwirkt, verstanden und akzeptiert werden. Nur dann hat sie auch eine Chance auf Bestand und Mehrnutzen für alle Anwender. Barrierefreiheit muss gelebt werden. Barrieren zu erkennen und zu umgehen, erfordert in einigen Bereichen viel Erfahrung. Dieses Buch hat Ihnen zwar eine Starthilfe gegeben, und Sie gehen nun sicher ganz anders an Ihre Arbeit heran als zuvor, doch gehört zu einem fundierten Grundwissen auch eine große Portion Erfahrung. Mit den in diesem Buch erlernten Grundfertigkeiten kommt die Erfahrung während Ihrer täglichen Arbeit aber ganz von allein.

Ich freue mich, Sie nun auf Ihren eigenen Weg hin zur barrierefreien Internetwelt entlassen zu dürfen und möchte mich an dieser Stelle für den Kauf und das Lesen meines Buchs bedanken.

Stichwortverzeichnis

Symbole

90plus 192
95plus 192

A

Abkürzungen 166
Absätze 149
Abschließender BITV-Test 192
Accessibility 31
Accessibility Evaluation
  Toolbar 203
accesskey 64
Akronyme 166
Anwendungsstruktur 89
Argumente 28
Aufbau der BITV 194
Augensteuerung 48

B

barrierearm 29
Barrierefreie Informationstechnik-Verordnung (BITV) 38
barrierefreie Mobilgeräte 189
barrierefreies Layout 94
Barrierefreiheit 17. 27

Begriff 28
Behindertengleichstellungs-
  gesetz Deutschland (BGG) 37
Behindertengleichstellungs
  gesetz Schweiz (BehiG) 42
BIENE 196
BIK-Projekt 191
BIK@work 191
Bilder 66, 151
BITV-Selbstbewertung 193
BITV-Test 191
Block 84
Block-Level-Elemente 85
Blueprint CSS Framework 98
Braille-Zeile 46

C

Cache 130
cache-control 134
Cascading Style Sheets 84
clientseitiges Caching 132
Colorblind Webpage Filter 203
Content-Management-System
  (CMS) 19

Stichwortverzeichnis

D

Darstellung von Texten 149
Dateibeziehungen 54
Dokumententitel 51

E

Eingabefelder 75
Entwicklungsbegleitender BITV-Test 193
Europäische Union 41

F

FAQ 129
Farbe 108
Farbkonzept 109
Fettschrift 151
Flash 50
float 94
Fokusgruppentest 200
Formatierung von Texten 149
Formulare 74
Frames 57
fremdsprachige Begriffe 168
Fremdwörter 165
Frequently Asked Questions 129

G

geräteabhängige Barriere 35
Gesetze 37
Glossar 128
Grotesk 157

Grundlagen 28
Grundsätze 24

H

Hamburger Verständlichkeitskonzept 145
Handy 189
HERA 205
Hilfsmittel 44
HTML 51
Hyperlinks 60
Hypertext Markup Language 51

I

Index 128
Inhalte verbergen 101
Inhaltsbeschriftung 103
Inhaltsnavigation 116
Inline 84
Inline-Level-Elemente 86
Investitionssicherheit 18
invisible 101

J

Java Applets 50
JavaScript 50
JAWS 46.203
jQuery Mobile 175

K

KISS-Prinzip 144

Stichwortverzeichnis

Komponenten der
  Barrierefreiheit 223
kontextbasierte Hilfe 128
Kontrast 108
Konzeption 89
Kostenaufwand 18
Kursiv 151
KVA-Prinzip 143

L

label 75
Ladezeit 130
Lesbarkeit 158
Lesezeichen (PDF) 217
Lightbox 141
Listen 68
Lynx 202

M

Media Queries 184
Metatag 53, 134
Mobilgeräte 171, 189
motorische Barriere 35

N

Native App 172
Navigation 111
Navigationshilfen 126
Navigationspfad 123
Normen 37
Nutzertests 198

O

Österreich 41

P

PDF 207
PDFMaker 217
Planung 49
Pop-ups 138
Portable Document Format
  (PDF) 207
pragma 134
Prüfverfahren 191

Q

Qualitätssicherung 191
Quellcodekomprimierung 136

R

Responsive Webdesign 182
RSS-Feeds 186

S

Saug- und Blasrohr 47
Säulen 30
Schaltflächen 78
Schriftarten 157
Schriften 151
Schriftgattung 157
Schriftgrößen 152
Schweiz 41

Stichwortverzeichnis

Screen Reader 46
Seitennavigation 112
Selbstbewertung 193
Sencha Touch 180
Serif 157
serverseitiges Caching 132
Sicherheitseinstellungen 220
Sitemap 127
Skalieren 154
Smartphone 190
Sprachauszeichnung (PDF) 218
Sprungmarke 65, 119
Standardbenutzer 33
Strukturinformationen 208
Suchfunktion 106

T

Tabellen 71
tabindex 63
Tableless Layout 91
Tabulatortaste 63
Technologien 50
Telefon 189
texten 143
Texthervorhebungen 163
Tools 201

U

Überschriften 58, 149
Unterstreichungen 151
USA 42

Usability 31
Usability-Test 199

V

Validatoren 204
Validierungen 79
Vergrößerungssoftware 45
Verschlüsselung 220
Verständlichkeit 146
visuelle Barriere 34

W

W3C Validator 204
WCAG 195
Webanwendung 23
Web-App 172
Web-App Konezeption 174
Web Content Accessibility
 Guidelines (WCAG) 40
Web Fonts 161
Webseite 23
Website 23
Webstandard des W3C 43

Y

YAML CSS Framework 95

Z

Zeilenabstand 162
Zielgruppen 33
Zitate 169